extração
da pedra
da loucura

ALEJANDRA PIZARNIK

extração da pedra da loucura

Tradução **Davis Diniz**

/re.li.cá.rio/

APRESENTAÇÃO

"Um Canto de Incêndio"

por **nina rizzi**

Alejandra Pizarnik é uma *rosa rerara* no jardim literário portenho dos anos 1950-70. Embora tivesse vínculos estreitos com muitas companheiras e companheiros de geração, se afastava esteticamente dos movimentos argentinos e latino-americanos em geral, buscando sempre uma voz poética própria, significativamente apartada de um contexto literário marcado pelo chamado "boom latino-americano" e pela militância político-social. A própria poeta diz em entrada de seu diário, no dia 01 de maio de 1966:

> É estranho: em espanhol não existe nada que me sirva de modelo. Mesmo Octavio [Paz] é demasiado inflexível, demasiado austero, ou simplesmente viril. Quanto a Julio [Cortázar] não compartilho sua descontração nos escritos que emprega em linguagem oral. Borges [Jorge Luis] eu gosto, mas não desejo ser um de seus

tantos epígonos. Rulfo me encanta, às vezes, mas seu ritmo é único, além disso é extremamente musical. Eu não desejo escrever um livro argentino, mas um pequeno livrinho parecido com *Aurelia*, de Nerval. Quem, em espanhol, conseguiu a finíssima simplicidade de Nerval? Talvez me fizesse bem traduzi-lo para mim. E, ainda assim, como sempre, esta tentação de estudar gramática e a sensação de que não serve para nada estudá-la.[1]

Uma *escandalosa* essa mulher – cujos seis últimos anos de vida se desenrolaram em meio à ditadura argentina sul-americana –, bissexual, judia, tomando suas próprias decisões sem se importar com convenções sociais, vivendo como pouquíssimas mulheres que escrevem podem viver: rodeada de livros, viajando e conhecendo grandes escritoras e escritores (com meios para isso, é evidente), e assim se lançando sempre para o seu destino e paixão: suas reflexões sobre leituras, as críticas e resenhas que escreve, suas traduções (inclusive de outra grande *escandalosa*, Marguerite Duras) e o método de estudo e disciplina que se impõe convergindo para sua escritura, essa palavra poética tão sedutora que ruma ao desgarramento, à loucura, ao suicídio e, claro, ao erotismo.

Pizarnik arranca o erotismo de onde menos se espera, afinal, ele parece estar em tudo, extraído da pedra da loucura: "O sexo à flor do coração,/ a via do

---

[1] PIZARNIK, Alejandra. *Diarios*. Ed. Ana Becciú. Barcelona: Lumen, 2012. p. 412.

êxtase entre as pernas" (do poema "Extração da pedra da loucura", p. 97) ou numa "Sala de Psicopatología", poema que merece destaque em meio a toda sua produção poética, escrito em 1971 durante uma internação no hospital psiquiátrico Pirovano, na periferia de Buenos Aires, e só publicado na edição integral de sua *Poesía Completa,* onde aparecem de modo interseccional questões quase inexistentes em qualquer outro de seus poemas: crítica ao consumismo, relações de gênero, raça, poder e classe.

Mas nem por isso Pizarnik se deixa encaixotar por *alguma* bandeira, quer seja uma corrente politicamente comprometida, quer seja surrealista, ou o que se convencionou chamar "literatura feminina" – chave de leitura que, sabemos, a vê como autora de versos açucarados, histéricos, histriônicos e, é óbvio, suicidas –, ou mesmo feminista.

Em entrevista à *Revista Sur*, em 1970, a poeta diz desconhecer o histórico de lutas das mulheres por seus direitos ao longo dos séculos, contudo, se posiciona firmemente sobre a necessidade de uma *mudança radical* na sociedade para que esses direitos se efetivem. E, embora sua poética não tenha um nítido compromisso político, fica essa pergunta ecoando no silêncio (assim como o silêncio de Pizarnik, um silêncio que rompe com a cultura do próprio silêncio ao tratar de temas malditos, sobretudo na boca-pena de uma mulher): um texto literário, para ser considerado político, precisa reclamar para si esse lugar? [silêncio]... O fato de uma mulher escrever já a inscreve num lugar político de afirmação: é uma mulher que escreve e isso já é uma subversão num sistema historicamente patriarcal. O *modo Pizarnik* de escrever, seu próprio deslocamento do eu-lírico feminino, que ruma à uma despersonalização (entre outros tantos deslocamentos/temáticas), legitima sua escritura para sempre na história da literatura e na história da literatura feita por mulheres.

Contudo, César Aira nos lembra, sua bandeira era a literatura e a linguagem, porque "[Alejandra] teve uma invencível aversão à política, que justificava com o fato de sua família [judia] ter sido sucessivamente aniquilada pelo fascismo e o stalinismo", explicando o fato de que o "único compromisso da [sua] literatura era com a qualidade."[2]

Sobre sua ascendência, em seus diários Alejandra reconhece sua origem judia, porém, com um sentido de desenraizamento, estrangeiridade e orgulho, característica que aponta como própria dos judeus – percebemos essa estreita relação metonímica entre a experiência histórica e a reflexão linguística: seu lugar de experiência, seu lugar que é não lugar, que está no além-palavra, num canto de incêndio, numa casa da linguagem que ela vai levantando.

*

O que pode a linguagem? Alejandra, que se debruçou de todas as formas sobre ela, como leitora, ensaísta, tradutora e finalmente escritora, talvez

---

2 AIRA, César. *Obra*. Rosario: Beatriz Viterbo Editora, 1998, p. 17.

soubesse dobrar esta máxima que dizemos ao contrário: "faltam-me palavras para dizer", porque ela sabia que na verdade as palavras sobram. Existem palavras para tudo e palavras demais para uma mesma coisa; posso comer e posso me alimentar e, aparentemente, estar fazendo a mesma coisa, só que não! Alejandra sabia. Sabia que a linguagem conjura, assim como Paulo Freire sabia que somos na nossa voz muitas vozes, que cada pessoa é outras (Alejandra diria "Sombra", "Sombra de Sombra", "Pequena Autômata", "Pássaro Enjaulado"), e também os já transferidos, os nossos mortos (Alejandra diria "Pequena Morta", "As Damas de Vermelho", "Morte"). Se, assim como hoje, ativistas sabem que os preconceitos se naturalizam pela linguagem, Alejandra sabia: a linguagem pode tudo e conjura realidades. Podemos até não ser atacadas por um violador ao escrevê-lo, mas sabemos que ele ataca.

Sabendo dessas possibilidades infindas, Alejandra vai construindo sua casa com esmero e projeto aparentemente bem definido: é a melhor morada para se viver, ou que seja para morrer, ao fim e ao cabo, pois "Ninguém é pai de um poema sem morrer" (Manoel de Barros), nem mãe. Se o mundo não é um bom lugar para se viver, a literatura é. Afinal, não é a literatura um plano de fuga? Uma morada, ainda que temporária?

É curioso como muitos estudiosos preferam abrir essa casa-fuga pizarnikiana com a chave da loucura e do suicídio, e não da linguagem; é curioso como a poesia pode ser profética, como no título deste livro *A extração da pedra da loucura*, título também do quadro do pintor holandês Hieronymus Bosch, feito entre 1475 e 1480. No quadro há uma inscrição: "Mestre, extrai-me a pedra, meu nome é Lubber Das". Lubber Das era um personagem satírico da literatura holandesa da época, e o "médico" que aparece na tela é um charlatão, como esses tolos que julgam abrir as portas de sua casa-fuga com a chave da loucura e do suicídio (e é curioso também que as portas dos homens, ao contrário, sempre são abertas com chaves literárias).

Mas o vento, o vento vem num sopro e derruba sua casa, porque a linguagem não é exata, sobram palavras. Pizarnik pensa sua casa, pensa paredes, pensa palavras, pensa poemas, e é como qualquer uma de nós: do projeto para o chão, da cabeça para o papel, a morada poema já é outra.

Não é difícil então compreender porque desde sempre, em seus diários, correspondências e até mesmo em sua obra poética, tenha relatado tanta angústia com a escrita. "Morreram as formas apavoradas e não houve mais um fora e um dentro. Ninguém estava escutando o lugar porque o lugar não existia" (do poema "Contemplação", p. 31). Pizarnik experimenta, num labor incansável, sempre insatisfeita, até à beira do silêncio.

Em seus quatro primeiros livros podemos perceber um chamamento de uma *outra* voz – onde a cavalgada (o *enjambement*) se impõe de maneira que os versos tropeçam uns nos outros, como se um verso chamasse o outro e ainda assim pudesse soar como se faltasse uma palavra, um outro verso, numa estranha operação de um poema que mergulha para um dizer que não se conclui. Já a partir de *Árvore de Diana* e nos livros seguintes, como *Os trabalhos e as noites,* e mesmo aqui, em *Extração da pedra da loucura*, temos poemas em linha reta, e as imagens e sentenças se concluem a cada verso, ainda que sejam retomadas e concluídas no(s) verso(s) seguinte(s), de maneira que em cada verso temos um poema, e poemas dentro de poemas. Assim encontramos o chamamento de uma *outra* voz inaugural, uma outra morada, onde a palavra diz a si mesma e ao mesmo tempo a desgarra.

A partir de 1968, ano de publicação de *Extração da pedra da loucura*, e que marca também o início da escrita de *O inferno musical*, a palavra *terrivelmente exata desaparece*. Como disse em entrevista a Martha Moia, ela já não busca mais essa exatidão em que se fundem signo e referente para criar uma *realidade* transcendente (a casa da linguagem), em que a concisão e a brevidade configuram o poema com essencialidade poética (presente, sobretudo, em *Árvore de Diana*). Alejandra também comenta tal deslocamento do projeto linguístico literário com Ivonne Bordelois em carta de 01 de dezembro do mesmo ano: "creio que este livro [*Extração da pedra da loucura*] fecha uma porta (e abre outra, naturalmente). Nunca mais escreverei textos aturdidos e alucinados. Lamentar? Não, afronto as mudanças e suas temíveis consequências". Em outra carta, também a Bordelois, reitera: "Recebeu o livrinho [*Extração da pedra da loucura*] que te enviei esmeradamente? (...) Sinto que com ele terminei com um estilo, ou como se chame".

De fato, se em *Árvore de Diana* e *Os trabalhos e as noites* temos a negação, a contradição em seus duplos, a presença na ausência com seus grandes brancos de página abrindo possibilidades como um teorema não matemático, em *Extração da pedra da loucura* ergue-se uma outra casa, com uma deseconomia de palavras, um uso acentuado de anáforas, o verso em prosa em que, por isso, a cavalgada (o *enjambement*) é atordoante, o que parece acontecer dentro do próprio verso: "Quando o telhado da casa da linguagem voa e as palavras não amparam, eu falo" (do poema "Fragmentos para dominar o silêncio", p. 43). Uma casa-linguagem deslocada de quem a escreve, subtraindo tijolos-vogais: "Até que conseguiu deslizar para fora de meu sonho e entrar no meu quarto" (do poema "Conto de inverno", p. 35).

Este livro acabou por se tornar uma morada em prosa poética composta pela errância e por imagens fragmentadas com um toque teatral onde violência e transgressão aparecem de forma contundente – "Não quero mais que um silêncio para mim e as que fui, um silêncio como a pequena cabana que no bosque encontram as crianças perdidas. E eu sei lá o que será de mim se nada rima com nada" (do poema "Extração da pedra da loucura", p. 85). O que se estenderá a seu livro posterior, *O inferno musical*, com forte influência de Antonin Artaud, prosas extensas e projetos em poesia não finalizados.

Alejandra sabia e, novamente, o vento vem. O vento leva a sua casa. O incêndio a queima. Porque a linguagem é uma armadilha. E levanta sua nova casa, que não deixa de ser a mesma morada: um projeto de linguagem, um experimento outro dentro do experimento. Porque "Escrever é procurar no tumulto dos incinerados o osso do braço que corresponda ao osso da perna" (do poema "Extração da pedra da loucura", p. 91). E é nesse período que a insatisfação com sua obra poética atinge o ápice, como também atesta em várias passagens do seu diário, como nestas dos dias 18 de agosto de 1968 e 25 de junho de 1969:

> O erro consiste em alimentar a esperança de um novo dia em que escreverei coisas novas: objetos externos tornados objetivos etc. Ou talvez queira dar um visto especial a meus textos raros. Posto que são incompreensíveis, que os salve, embora seja a magia verbal (...)
>
> Meus poemas agora estão mortos. Sinto que nada vibra dentro de mim. Há uma ferida e isto é tudo. Mas se cumprem num lugar onde a linguagem não parece necessária. Penso sem pensar em tudo que não farei, e no que venho postergando dia após dia. E de súbito a revelação: minhas fantasias regressivas ressuscitaram para me impedir de escrever.

Esse questionamento da linguagem é um dos vértices em sua obra que faz da sua armadilha a nossa armadilha – impossível não ser fisgada pela sua poética de densidades e aberturas, escuridão e aguaceiro. Uma maldita *fora* dos malditos, uma feminista *fora* das feministas, uma criadora de metáforas *fora* da própria língua: "a língua natal castra/ a língua é um órgão de conhecimento/ do fracasso de todo poema/ castrado por sua própria língua/ que é o órgão da re-criação/ do re-conhecimento/ mas não o da res-surreição" (*Nesta noite, Neste mundo*, 1971). Retorna então à gagueira, à muda que sempre foi, sendo ela própria oferenda: "Nada pretendo neste poema senão desatar minha garganta" (do poema "Extração da pedra da loucura", p. 93).

Ainda nessa pedra, Alejandra canta: "Desejava um silêncio perfeito./ Por isso falo" (p. 77). A conclusão dessa ruptura será total em seu último livro publicado em vida, *O inferno musical*. Se tivesse escrito mais um livro, talvez a cavalgada fosse um monte de palavras desconexas ou a plena página em branco.

Alejandra Pizarnik em sua morada da linguagem. Como com a peça teatral *Los perturbados entre lilas*, em diálogo com *Fim de partida*, de Beckett, o texto de humor *La bucanera de Pernambuco o Hilda la poligrafa* e outros textos experimentais, mesclando jogos de palavras, temáticas pornográficas, matizes escatológicos, elementos populares como o *voseo* (variação linguística que substitui o "tú", sobretudo na região do Rio da Prata, mas também em alguns países da América Central, e que na Espanha quinhentista era usado por pessoas íntimas, mas principalmente de classes mais baixas), o tango, gírias e outros elementos populares, além de recursos humorísticos judeus com temática sexual e altamente transgressora que permaneceram inéditos até a sua morte.

E, apesar de já ter uma voz inigualável em sua poesia, foi na prosa que finalmente alcançou, conforme queria, uma voz própria diferente da praticada até então nos versos, embora tenha sido aqui, na *Extração da pedra da loucura*, onde extraiu as pedras para sua nova morada, neste livro tão *louco*, tão belo, tão imprescindível como a morte e seu canto de incêndio (p. 115): "uma canção que seja menos que uma canção, uma canção como um desenho que representa uma pequena casa sob um sol ao qual faltam alguns raios; ali há de poder viver a bonequinha de papel verde, azul e vermelho; ali há de poder erguer-se e talvez andar em sua casinha desenhada sobre uma página em branco."

Para minha mãe

[1966]

CANTORA NOCTURNA

Joe, macht die Musik von damals nacht...

La que murió de su vestido azul está cantando. Canta imbuida de muerte al sol de su ebriedad. Adentro de su canción hay un vestido azul, hay un caballo blanco, hay un corazón verde tatuado con los ecos de los latidos de su corazón muerto. Expuesta a todas las perdiciones, ella canta junto a una niña extraviada que es ella: su amuleto de la buena suerte. Y a pesar de la niebla verde en los labios y del frío gris en los ojos, su voz corroe la distancia que se abre entre la sed y la mano que busca el vaso. Ella canta.

A Olga Orozco

CANTORA NOTURNA

Joe, macht die Musik von damals nacht...

A que morreu de seu vestido azul está cantando.
Canta imbuída de morte ao sol de sua ebriedade.
Dentro de sua canção há um vestido azul, há um
cavalo branco, há um coração verde tatuado com
os ecos das batidas de seu coração morto. Exposta
a todas as perdições, ela canta junto a uma menina
extraviada que é ela: seu amuleto de boa sorte. E
apesar da névoa verde nos lábios e do frio cinza nos
olhos, sua voz corrói a distância que se abre entre a
sede e a mão que procura o copo. Ela canta.

Para Olga Orozco

VÉRTIGOS O CONTEMPLACIÓN DE ALGO QUE TERMINA

Esta lila se deshoja.
Desde sí misma cae
y oculta su antigua sombra.
He de morir de cosas así.

VERTIGENS OU CONTEMPLAÇÃO DE ALGO QUE TERMINA

Esta lilás se desfolha.
Cai por si mesma
e oculta sua antiga sombra.
Hei de morrer de coisas assim.

LINTERNA SORDA

    Los ausentes soplan y la noche es densa. La noche tiene el color de los párpados del muerto.
    Toda la noche hago la noche. Toda la noche escribo. Palabra por palabra yo escribo la noche.

LANTERNA SURDA

    Os ausentes sopram e a noite é densa. A noite tem a cor das pálpebras do morto.
    Por toda a noite faço a noite. Por toda a noite escrevo. Palavra por palavra escrevo a noite.

PRIVILEGIO

I
Ya he perdido el nombre que me llamaba,
su rostro rueda por mí
como el sonido del agua en la noche,
del agua cayendo en el agua.
Y es su sonrisa la última sobreviviente,
no mi memoria.

II
El más hermoso
en la noche de los que se van,
oh deseado,
es sin fin tu no volver,
sombra tú hasta el día de los días.

PRIVILÉGIO

I
Já perdi o nome que me chamava,
seu rosto gira por mim
como o som da água na noite,
da água caindo na água.
E seu sorriso é o último sobrevivente,
não minha memória.

II
O mais belo
na noite dos que se vão,
oh desejado,
é sem fim teu não tornar,
sombra serás até o dia dos dias.

CONTEMPLACIÓN

    Murieron las formas despavoridas y no hubo más un afuera y un adentro. Nadie estaba escuchando el lugar porque el lugar no existía.
    Con el propósito de escuchar están escuchando el lugar.
    Adentro de tu máscara relampaguea la noche. Te atraviesan con graznidos. Te martillean con pájaros negros. Colores enemigos se unen en la tragedia.

CONTEMPLAÇÃO

    Morreram as formas apavoradas e não houve mais um fora e um dentro. Ninguém estava escutando o lugar porque o lugar não existia.
    Com o propósito de escutar estão escutando o lugar.
    Dentro da tua máscara relampeja a noite. Te atravessam com grasnidos. Te martelam com pássaros negros. Cores inimigas se unem na tragédia.

NUIT DU COUER

Otoño en el azul de un muro: sé amparo de las pequeñas muertas.

Cada noche, en la duración de un grito, viene una sombra nueva. A solas danza la misteriosa autónoma. Comparto su miedo de animal muy joven en la primera noche de las cacerías.

NUIT DU COEUR

Outono no azul de um muro: sê amparo das pequenas mortas.

A cada noite, na duração de um grito, vem uma sombra nova. A sós dança a misteriosa autônoma. Compartilho de seu medo de animal muito jovem na primeira noite das caçadas.

CUENTO DE INVIERNO

La luz del viento entre los pinos ¿comprendo estos signos de tristeza incandescente?

Un ahorcado se balancea en el árbol marcado con la cruz lila.

Hasta que logró deslizarse fuera de mi sueño y entrar a mi cuarto, por la ventana, en complicidad con el viento de medianoche.

CONTO DE INVERNO

A luz do vento entre os pinheiros: compreendo estes signos de tristeza incandescente?

Um enforcado balança na árvore marcada com a cruz lilás.

Até que conseguiu deslizar para fora do meu sonho e entrar no meu quarto, pela janela, em cumplicidade com o vento da meia-noite.

EN LA OTRA MADRUGADA

Veo crecer hasta mis ojos figuras de silencio y desesperadas. Escucho grises, densas voces en el antiguo lugar del corazón.

NA OUTRA MADRUGADA

    Vejo crescer ante meus olhos figuras de silêncio e desesperadas. Escuto cinzas, densas vozes no antigo lugar do coração.

DESFUNDACIÓN

Alguien quiso abrir alguna puerta. Duelen sus manos aferradas a su prisión de huesos de mal agüero.
Toda la noche ha forcejeado con su nueva sombra. Llovió adentro de la madrugada y martillaban con lloronas.
La infancia implora desde mis noches de cripta.
La música emite colores ingenuos.
Grises pájaros en el amanecer son a la ventana cerrada lo que a mis males mi poema.

DESFUNDAÇÃO

Alguém quis abrir alguma porta. Suas mãos doem aferradas à sua prisão de ossos de mau agouro.
Por toda a noite se debateu com sua nova sombra. Choveu dentro da madrugada e martelavam com samambaias choronas.
A infância implora nas minhas noites de cripta.
A música emite cores ingênuas.
Pássaros cinzas no amanhecer são para a janela fechada o que para meus males meu poema.

FIGURAS Y SILENCIOS

Manos crispadas me confinan al exilio.
Ayúdame a no pedir ayuda.
Me quieren anochecer, me van a morir.
Ayúdame a no pedir ayuda.

FIGURAS E SILÊNCIOS

Mãos contraídas me confinam ao exílio.
Ajuda-me a não pedir ajuda.
Querem me anoitecer, e me vão morrer.
Ajuda-me a não pedir ajuda.

FRAGMENTOS PARA DOMINAR EL SILENCIO

I
    Las fuerzas del lenguaje son las damas solitarias, desoladas, que cantan a través de mi voz que escucho a lo lejos. Y lejos, en la negra arena, yace una niña densa de música ancestral. ¿Dónde la verdadera muerte? He querido iluminarme a la luz de mi falta de luz. Los ramos se mueren en la memoria. La yacente anida en mí con su máscara de loba. La que no pudo más e imploró llamas y ardimos.

II
    Cuando a la casa del lenguaje se le vuela el tejado y las palabras no guarecen, yo hablo.

    Las damas de rojo se extraviaron dentro de sus máscaras aunque regresarán para sollozar entre flores.

    No es muda la muerte. Escucho el canto de los enlutados sellar las hendiduras del silencio. Escucho tu dulcísimo canto florecer mi silencio gris.

III
    La muerte ha restituido al silencio su prestigio hechizante. Y yo no diré mi poema y yo he de decirlo. Aún si el poema (aquí, ahora) no tiene sentido, no tiene destino.

FRAGMENTOS PARA DOMINAR O SILÊNCIO

I
   As forças da linguagem são as damas solitárias, desoladas, que cantam através da minha voz que escuto ao longe. E longe, no negro areal, jaz uma menina densa de música ancestral. Onde a verdadeira morte? Quis iluminar-me à luz da minha falta de luz. Os ramos morrem na memória. A jacente se aninha em mim com sua máscara de loba. A que não pôde mais e implorou chamas e ardemos.

II
   Quando o telhado da casa da linguagem voa e as palavras não amparam, eu falo.

   As damas de vermelho sumiram dentro de suas máscaras mas regressarão para soluçar entre flores.

   Não é muda a morte. Escuto o canto dos enlutados selar as fissuras do silêncio. Escuto teu dulcíssimo canto florescer meu silêncio cinza.

III
   A morte restituiu ao silêncio seu prestígio encantatório. E eu não direi meu poema e hei de dizê-lo. Mesmo que o poema (aqui, agora) não tenha sentido, não tenha destino.

SORTILEGIOS

    Y las damas vestidas de rojo para mi dolor y con mi dolor insumidas en soplo, agazapadas como fetos de escorpiones en el lado más interno de mi nuca, las madres de rojo que me aspiran el único calor que me doy con mi corazón que apenas pudo nunca latir, a mí que siempre tuve que aprender sola cómo se hace para beber y comer y respirar y a mí que nadie me enseñó a llorar y nadie me enseñará ni siquiera las grandes damas adheridas a la entretela de mi respiración con babas rojizas y velos flotantes de sangre, mi sangre, la mía sola, la que yo me procuré y ahora vienen a beber de mí luego de haber matado al rey que flota en el río y mueve los ojos y sonríe pero está muerto y cuando alguien está muerto, muerto está por más que sonría y las grandes, las trágicas damas de rojo han matado al que se va río abajo y yo me quedo como rehén en perpetua posesión.

SORTILÉGIOS

    E as damas vestidas de vermelho para minha dor e com minha dor empenhadas no sopro, aninhadas como fetos de escorpiões no lado mais interno da minha nuca, as mães de vermelho que aspiram o único calor que me dou com meu coração que nunca pôde apenas bater, a mim que sempre tive que aprender sozinha como se faz para beber e comer e respirar e a mim que ninguém ensinou a chorar e ninguém me ensinará nem sequer as grandes damas aderidas às entranhas da minha respiração com babas corais e véus esvoaçantes de sangue, meu sangue, e meu só, o que eu procurei e agora vêm a beber de mim após haver matado o rei que flutua no rio e move os olhos e sorri mas está morto e quando alguém está morto, morto está por mais que sorria e as grandes, as trágicas damas de vermelho mataram aquele que vai rio abaixo e eu permaneço como refém em perpétua possessão.

[1963]

UN SUEÑO DONDE EL SILENCIO ES DE ORO

El perro del invierno dentellea mi sonrisa. Fue en el puente. Yo estaba desnuda y llevaba un sombrero con flores y arrastraba mi cadáver también desnudo y con un sombrero de hojas secas.

He tenido muchos amores – dije – pero el más hermoso fue mi amor por los espejos.

UM SONHO ONDE O SILÊNCIO É DE OURO

O cão do inverno mordisca meu sorriso. Foi na ponte. Eu estava nua e usava um chapéu com flores e arrastava meu cadáver também nu e com um chapéu de folhas secas.

Tive muitos amores – disse – mas o mais lindo foi meu amor pelos espelhos.

TÊTE DE JEUNE FILLE (ODILON REDON)

de música la lluvia
de silencio los años
que pasan una noche
mi cuerpo nunca más
podrá recordarse.

A André Pieyre de Mandiargues

TÊTE DE JEUNE FILLE (ODILON REDON)

de música a chuva
de silêncio os anos
que passam uma noite
meu corpo nunca mais
poderá recordar-se.

Para André Pieyre de Mandiargues

RESCATE

Y es siempre el jardín de lilas del otro lado del río. Si el alma pregunta si queda lejos se le responderá: del otro lado del río, no éste sino aquél.

A Octavio Paz

RESGATE

E é sempre o jardim dos lilases do outro lado do rio. Se a alma pergunta se fica longe a ela se responderá: do outro lado do rio, não este, mas aquele.

Para Octavio Paz

ESCRITO EN EL ESCORIAL

te llamo
igual que antaño la amiga al amigo
en pequeñas canciones
miedosas del alba

ESCRITO NO ESCORIAL[1]

te chamo
como ainda ontem a amiga ao amigo
em pequenas canções
tementes à alba

---

1 N.T.: Escorial faz referência a San Lorenzo de El Escorial, um município localizado nos arredores de Madri. É nessa região que se encontra o Monastério do Escorial, complexo arquitetônico que inclui, além do monastério, um palácio, uma biblioteca e um museu com parte das obras da coleção de Felipe II de Espanha, fundador do Escorial. O acervo do museu tem algumas das principais pinturas de Hieronymus Bosch, obra apreciada por Pizarnik e referida por ela em alguns de seus poemas.

EL SOL, EL POEMA

Barcos sobre el agua natal.
Agua negra, animal de olvido. Agua lila, única vigilia.
El misterio soleado de las voces en el parque.
Oh tan antiguo.

O SOL, O POEMA

Barcos sobre a água natal.
Água negra, animal de esquecimento. Água lilás,
única vigília.
O mistério ensolarado das vozes no parque.
Oh tão antigo.

ESTAR

Vigilas desde este cuarto
donde la sombra temible es la tuya.

No hay silencio aquí
sino frases que evitas oír.

Signos en los muros
narran la bella lejanía.

(Haz que no muera
sin volver a verte)

ESTAR

Vigias a partir deste quarto
onde a sombra temível é a tua.

Não há silêncio aqui
e sim frases que evitas ouvir.

Signos nos muros
narram a bela distância.

(Faz com que não morra
sem voltar a ver-te)

LAS PROMESAS DE LA MÚSICA

Detrás de un muro blanco la variedad del arco iris. La muñeca en su jaula está haciendo el otoño. Es el despertar de las ofrendas. Un jardín recién creado, un llanto detrás de la música. Y que suene siempre, así nadie asistirá al movimiento del nacimiento, a la mímica de las ofrendas, al discurso de aquella que soy anudada a esta silenciosa que también soy. Y que de mí no quede más que la alegría de quien pidió entrar y le fue concedido. Es la música, es la muerte, lo que yo quise decir en noches variadas como los colores del bosque.

AS PROMESSAS DA MÚSICA

    Detrás de um muro branco a variedade do arco-íris. A boneca em sua gaiola está fazendo o outono. É o despertar das oferendas. Um jardim recém-criado, um pranto detrás da música. E que soe sempre, assim ninguém assistirá ao movimento do nascimento, à mímica das oferendas, ao discurso daquela que sou atada a esta silenciosa que também sou. E que de mim não reste mais que a alegria de quem pediu entrada e lhe foi concedida. É a música, é a morte, o que eu quis dizer em noites variadas como as cores do bosque.

INMINENCIA

    Y el muelle gris y las casas rojas. Y no es aún la soledad Y los ojos ven un cuadrado negro con un círculo de música lila en su centro Y el jardín de las delicias sólo existe fuera de los jardines Y la soledad es no poder decirla Y el muelle gris y las casas rojas.

IMINÊNCIA

E o cais cinza e as casas vermelhas. E não é ainda a solidão E os olhos veem um quadrado negro com um círculo de música lilás no seu centro E o jardim das delícias só existe fora dos jardins E a solidão é não poder dizê-la E o cais cinza e as casas vermelhas.

CONTINUIDAD

    No nombrar las cosas por sus nombres. Las cosas tienen bordes dentados, vegetación lujuriosa. Pero quién habla en la habitación llena de ojos. Quién dentellea con una boca de papel. Nombres que vienen, sombras con máscaras. Cúrame del vacío – dije. (La luz se amaba en mi oscuridad. Supe que no había cuando me encontré diciendo: soy yo.)
Cúrame – dije.

CONTINUIDADE

Não nomear as coisas por seus nomes. As coisas têm bordas dentadas, vegetação luxuriosa. Mas quem fala no quarto cheio de olhos. Quem mordisca com uma boca de papel. Nomes que vêm, sombras com máscaras. Cura-me do vazio – disse. (A luz era amada na minha escuridão. Soube que não havia quando me encontrei dizendo: sou eu.) Cura-me – disse.

ADIOSES DEL VERANO

Suave rumor de la maleza creciendo. Sonidos de lo que destruye el viento. Llegan a mí como si yo fuera el corazón de lo que existe. Quisiera estar muerta y entrar yo también en un corazón ajeno.

DESPEDIDAS DO VERÃO

    Suave rumor de erva daninha crescendo. Sons do que o vento destrói. Chegam a mim como se eu fosse o coração do que existe. Queria estar morta e entrar eu também em um coração alheio.

COMO AGUA SOBRE UNA PIEDRA

a quien retorna en busca de su antiguo buscar
la noche se le cierra como agua sobre una piedra
como aire sobre un pájaro
como se cierran dos cuerpos al amarse

FEITO ÁGUA SOBRE UMA PEDRA

para quem retorna em busca de seu antigo buscar
a noite se fecha feito água sobre uma pedra
feito ar sobre um pássaro
como se fecham dois corpos ao amar-se

EN UN OTOÑO ANTIGUO

¿Cómo se llama el nombre?

Un color como un ataúd, una transparencia que no atravesarás.

¿Y cómo es posible no saber tanto?

A Marie-Jeanne Noirot

EM UM OUTONO ANTIGO

Como se chama o nome?

Uma cor como um ataúde, uma transparência que não atravessarás.

E como é possível não saber tanto?

Para Marie-Jeanne Noirot

[1962]

CAMINOS DEL ESPEJO

I
Y sobre todo mirar con inocencia. Como si no pasara nada, lo cual es cierto.

II
Pero a ti quiero mirarte hasta que tu rostro se aleje de mi miedo como un pájaro del borde filoso de la noche.

III
Como una niña de tiza rosada en un muro muy viejo súbitamente borrada por la lluvia.

IV
Como cuando se abre una flor y revela el corazón que no tiene.

V
Todos los gestos de mi cuerpo y de mi voz para hacer de mí la ofrenda, el ramo que abandona el viento en el umbral.

VI
Cubre la memoria de tu cara con la máscara de la que serás y asusta a la niña que fuiste.

CAMINHOS DO ESPELHO

I
E sobretudo olhar com inocência. Como se não ocorresse nada, o que é verdade.

II
Mas a ti quero ver-te até que teu rosto se afaste do meu medo como um pássaro da borda cortante da noite.

III
Como uma menina de giz rosado em um muro muito velho subitamente apagada pela chuva.

IV
Como quando uma flor se abre e revela o coração que não tem.

V
Todos os gestos do meu corpo e da minha voz
para fazer de mim a oferenda, o ramo que o vento abandona no umbral.

VI
Cobre a memória da tua cara com a máscara da que serás e assusta a menina que foste.

VII
La noche de los dos se dispersó con la niebla. Es la estación de los alimentos fríos.

VIII
Y la sed, mi memoria es de la sed, yo abajo, en el fondo, en el pozo, yo bebía, recuerdo.

IX
Caer como un animal herido en el lugar que iba a ser de revelaciones.

X
Como quien no quiere la cosa. Ninguna cosa. Boca cosida. Párpados cosidos. Me olvidé. Adentro el viento. Todo cerrado y el viento adentro.

XI
Al negro sol del silencio las palabras se doraban.

XII
Pero el silencio es cierto. Por eso escribo. Estoy sola y escribo. No, no estoy sola. Hay alguien aquí que tiembla.

XIII
Aún si digo *sol y luna y estrella* me refiero a cosas que me suceden.
¿Y qué deseaba yo?
Deseaba un silencio perfecto.
Por eso hablo.

VII
A noite dos dois se dispersou com a névoa. É a estação dos alimentos frios.

VIII
E a sede, minha memória é da sede, eu embaixo, no fundo, no poço, eu bebia, recordo.

IX
Cair como um animal ferido no lugar que seria de revelações.

X
Como quem não quer a coisa. Nenhuma coisa. Boca costurada. Cílios costurados. Me esqueci. Por dentro o vento. Tudo fechado e o vento por dentro.

XI
Sob o negro sol do silêncio as palavras se douravam.

XII
Mas o silêncio é preciso. Por isso escrevo. Estou só e escrevo. Não, não estou só. Há alguém aqui que treme.

XIII
Ainda que diga *sol e lua e estrela* me refiro a coisas que me acontecem.
E o que eu desejava?
Desejava um silêncio perfeito.
Por isso falo.

XIV
La noche tiene la forma de un grito de lobo.

XV
Delicia de perderse en la imagen presentida. Yo me levanté de mi cadáver, yo fui en busca de quien soy. Peregrina de mí, he ido hacia la que duerme en un país al viento.

XVI
Mi caída sin fin a mi caída sin fin en donde nadie me aguardó pues al mirar quien me aguardaba no vi otra cosa que a mí misma.

XVII
Algo caía en el silencio. Mi última palabra fue *yo* pero me refería al alba luminosa.

XVIII
Flores amarillas constelan un círculo de tierra azul. El agua tiembla llena de viento.

XIX
Deslumbramiento del día, pájaros amarillos en la mañana. Una mano desata tinieblas, una mano arrastra la cabellera de una ahogada que no cesa de pasar por el espejo. Volver a la memoria del cuerpo, he de volver a mis huesos en duelo, he de comprender lo que dice mi voz.

XIV
A noite tem a forma de um grito de lobo.

XV
Delícia de perder-se na imagem pressentida. Eu me levantei do meu cadáver, eu fui em busca de quem sou. Peregrina de mim, fui ao encontro da que dorme em um país ao vento.

XVI
Minha queda sem fim em minha queda sem fim onde ninguém me aguardou, pois ao olhar quem me aguardava não vi outra coisa senão a mim mesma.

XVII
Algo caía no silêncio. Minha última palavra foi *eu* embora me referisse à alba luminosa.

XVIII
Flores amarelas constelam um círculo de terra azul. A água treme cheia de vento.

XIX
Deslumbramento do dia, pássaros amarelos na manhã. Uma mão desata trevas, uma mão arrasta a cabeleira de uma afogada que não cessa de passar pelo espelho. Voltar à memória do corpo, hei de voltar aos meus ossos em luto, hei de compreender o que diz minha voz.

[1964]

EXTRACCIÓN DE LA PIEDRA DE LOCURA

Elles, les âmes (...), sont malades et elles souffrent et nul ne leur porte-remède; elles sont blessées et brisées et nul ne les panse.
Ruysbroeck

La luz mala se ha avecinado y nada es cierto. Y pienso en todo lo que leí acerca del espíritu... Cerré los ojos, vi cuerpos luminosos que giraban en la niebla, en el lugar de las ambiguas vecindades. No temas, nada te sobrevendrá, ya no hay violadores de tumbas. El silencio, el silencio siempre, las monedas de oro del sueño.

Hablo como en mí se habla. No mi voz obstinada en parecer una voz humana sino la otra que atestigua que no he cesado de morar en el bosque.

Si vieras a la que sin ti duerme en un jardín en ruinas en la memoria. Allí yo, ebria de mil muertes, hablo de mí conmigo sólo por saber si es verdad que estoy debajo de la hierba. No sé los nombres. ¿A quién le dirás que no sabes? Te deseas otra. La otra que eres se desea otra ¿Qué pasa en la verde alameda? Pasa que no es verde y ni siquiera hay una alameda. Y ahora juegas a ser esclava para ocultar tu corona ¿otorgada por quién? ¿quién te ha ungido? ¿quién te ha consagrado? El invisible pueblo de la

EXTRAÇÃO DA PEDRA DA LOUCURA

Elles, les âmes (...), sont malades et elles souffrent et nul ne leur porte-remède; elles sont blessées et brisées et nul ne les panse.
Ruysbroeck

A luz maléfica se aproximou e nada é certo. E penso em tudo o que li acerca do espírito... Fechei os olhos, vi corpos luminosos que rodopiavam na névoa, no lugar das ambíguas proximidades. Não temas, nada te ocorrerá, já não há violadores de tumbas. O silêncio, o silêncio sempre, as moedas de ouro do sonho.

Falo como em mim se fala. Não minha voz obstinada em parecer uma voz humana, mas a outra que atesta que não cessei de morar no bosque.

Se visses a que sem ti dorme em um jardim em ruínas na memória. Ali eu, ébria de mil mortes, falo de mim comigo só para saber se é verdade que estou debaixo da relva. Não sei os nomes. A quem dirás que não sabes? Te desejas outra. A outra que és se deseja outra. O que está acontecendo na verde alameda? Acontece que não é verde e nem sequer há uma alameda. E agora imaginas ser escrava para ocultar tua coroa: outorgada por quem? quem te ungiu? quem te consagrou? O invisível povoado da

memoria más vieja. Perdida por propio designio, has renunciado a tu reino por las cenizas. Quien te hace doler te recuerda antiguos homenajes. No obstante, lloras funestamente y evocas tu locura y hasta quisieras extraerla de ti como si fuese una piedra, a ella, tu solo privilegio. En un muro blanco dibujas las alegorías del reposo, y es siempre una reina loca que yace bajo la luna sobre la triste hierba del viejo jardín. Pero no hables de los jardines, no hables de la luna, no hables de la rosa, no hables del mar. Habla de lo que sabes. Habla de lo que vibra en tu médula y hace luces y sombras en tu mirada, habla del dolor incesante de tus huesos, habla del vértigo, habla de tu respiración, de tu desolación, de tu traición. Es tan oscuro, tan en silencio el proceso a que me obligo. Oh habla del silencio.

    De repente poseída por un funesto presentimiento de un viento negro que impide respirar, busqué el recuerdo de alguna alegría que me sirviera de escudo, o de arma de defensa, o aún de ataque. Parecía el Eclesiastés: busqué en todas mis memorias y nada, nada debajo de la aurora de dedos negros. Mi oficio (también en el sueño lo ejerzo) es conjurar y exorcizar. ¿A qué hora empezó la desgracia? No quiero saber. No quiero más que un silencio para mí y las que fui, un silencio como la pequeña choza que encuentran en el bosque los niños perdidos. Y qué sé yo qué ha de ser de mí si nada rima con nada.

memória mais velha. Perdida por desígnio próprio, renunciaste a teu reino pelas cinzas. Quem te faz doer te recorda antigas homenagens. Não obstante, choras funestamente e evocas tua loucura e até gostarias de extraí-la de ti como se fosse uma pedra, para ela, teu único privilégio. Em um muro branco desenhas as alegorias do repouso, e é sempre uma rainha louca que jaz sob a lua sobre a triste relva do velho jardim. Mas não fales dos jardins, não fales da lua, não fales da rosa, não fales do mar. Fala do que sabes. Fala do que vibra em tua medula e faz luzes e sombras no teu olhar, fala da dor incessante dos teus ossos, fala da vertigem, fala da tua respiração, da tua desolação, da tua traição. É tão escuro, tão silencioso o processo a que me obrigo. Oh fala do silêncio.

    De repente possuída por um funesto pressentimento de um vento negro que impede de respirar, procurei a lembrança de alguma alegria que me servisse de escudo, ou de arma de defesa, ou ainda de ataque. Parecia o Eclesiastes: procurei em todas as minhas memórias e nada, nada debaixo da aurora dos dedos negros. Meu ofício (também em sonho o exerço) é conjurar e exorcizar. A que horas começou a desgraça? Não quero saber. Não quero mais que um silêncio para mim e as que fui, um silêncio como a pequena cabana que no bosque encontram as crianças perdidas. E eu sei lá o que será de mim se nada rima com nada.

Te despeñas. Es el sinfín desesperante, igual y no obstante contrario a la noche de los cuerpos donde apenas un manantial cesa aparece otro que reanuda el fin de las aguas.

Sin el perdón de las aguas no puedo vivir. Sin el mármol final del cielo no puedo morir.

En ti es de noche. Pronto asistirás al animoso encabritarse del animal que eres. Corazón de la noche, habla.

Haberse muerto en quien se era y en quien se amaba, haberse y no haberse dado vuelta como un cielo tormentoso y celeste al mismo tiempo.

Hubiese querido más que esto y a la vez nada.

Va y viene diciéndose solo en solitario vaivén. Un perderse gota a gota el sentido de los días. Señuelos de conceptos. Trampas de vocales. La razón me muestra la salida del escenario donde levantaron una iglesia bajo la lluvia: la mujer-loba deposita su vástago en el umbral y huye. Hay una luz tristísima de cirios acechados por un soplo maligno. Llora la niña loba. Ningún dormido la oye. Todas las pestes y las plagas para los que duermen en paz.

Esta voz ávida venida de antiguos plañidos. Ingenuamente existes, te disfrazas de pequeña

Te despencas. É o sem-fim desesperante, igual
e não obstante contrário à noite dos corpos onde
recém-cessa um manancial, ressurge outro e retoma o
fim das águas.

Não posso viver sem o perdão das águas. Não
posso morrer sem o mármore final do céu.

Em ti é de noite. Logo assistirás ao impetuoso
empinar-se do animal que és. Coração da noite, fala.

Ter morrido em quem se era e em quem se amava,
ter e não ter dado volta como um céu tormentoso e
celeste ao mesmo tempo.

Teria querido mais que isto e também nada.

Vai e vem dizendo-se a si mesma em solitário
vaivém. O sentido dos dias a perder-se gota a gota.
Iscas de conceitos. Armadilhas vocais. A razão me
mostra a saída do cenário onde edificaram uma
igreja sob a chuva: a mulher-loba depõe seu rebento
no umbral e foge. Há uma luz tristíssima de círios
perseguidos por um sopro maligno. A menina loba
chora. Nenhum adormecido a ouve. Todas as pestes e
as pragas para os que dormem em paz.

Esta voz ávida vinda de antigas lamentações.
Ingenuamente existes, te disfarças de pequena

asesina, te das miedo frente al espejo. Hundirme en la tierra y que la tierra se cierre sobre mí. Éxtasis innoble. Tu sabes que te han humillado hasta cuando te mostraban el sol. Tu sabes que nunca sabrás defenderte, que sólo deseas presentarles el trofeo, quiero decir tu cadáver, y que se lo coman y se lo beban.

Las moradas del consuelo, la consagración de la inocencia, la alegría inadjetivable del cuerpo.

Si de pronto una pintura se anima y el niño florentino que miras ardientemente extiende una mano y te invita a permanecer a su lado en la terrible dicha de ser un objeto a mirar y admirar. No (dije), para ser dos hay que ser distintos. Yo estoy fuera del marco pero el modo de ofrendarse es el mismo.

Briznas, muñecos sin cabeza, yo me llamo, yo me llamo toda la noche. Y en mi sueño un carromato de circo lleno de corsarios muertos en sus ataúdes. Un momento antes, con bellísimos atavíos y parches negros en el ojo, los capitanes saltaban de un bergantín a otro como olas, hermosos como soles.

De manera que soñé capitanes y ataúdes de colores deliciosos y ahora tengo miedo a causa de todas las cosas que guardo, no un cofre de piratas, no un tesoro bien enterrado, sino cuantas cosas en movimiento, cuantas pequeñas figuras azules y doradas gesticulan y danzan (pero decir no dicen),

assassina, te causas medo frente ao espelho. Fundir-me na terra e que a terra se feche sobre mim. Êxtase ignóbil. Sabes que te humilharam até quando te mostravam o sol. Sabes que nunca saberás defender-te, que só desejas apresentar-lhes o troféu, quero dizer, teu cadáver, e que o comam e o bebam.

As moradas do consolo, a consagração da inocência, a alegria inadjetivável do corpo.

Se de repente uma pintura se anima e o menino florentino que vês ardentemente estende uma mão e te convida a permanecer a seu lado na terrível sina de ser um objeto a mirar e admirar. Não (disse), para ser dois há de ser diferentes. Eu estou fora da moldura, mas o modo de ofertar-se é o mesmo.

Ninharias, bonecos sem cabeça, eu me chamo, eu me chamo por toda a noite. E em meu sonho um vagão de circo cheio de corsários mortos em seus ataúdes. Um pouco antes, com belíssimos trajes e tapa-olhos negros, os capitães saltavam de um veleiro a outro como ondas, belos como sóis.

De maneira que sonhei capitães e ataúdes de cores deliciosas e agora tenho medo por causa de todas as coisas que guardo, não um cofre de piratas, não um tesouro bem enterrado, e sim quantas coisas em movimento, quantas pequenas figuras azuis e douradas gesticulam e dançam (mas dizer não dizem),

y luego está el espacio negro – déjate caer, déjate caer –, umbral de la más alta inocencia o tal vez tan sólo de la locura. Comprendo mi miedo a una rebelión de las pequeñas figuras azules y doradas. Alma partida, alma compartida, he vagado y errado tanto para fundar uniones con el niño pintado en tanto que objeto a contemplar, y no obstante, luego de analizar los colores y las formas, me encontré haciendo el amor con un muchacho viviente en el mismo momento que el del cuadro se desnudaba y me poseía detrás de mis párpados cerrados.

    Sonríe y yo soy una minúscula marioneta rosa con una paraguas celeste yo entro por su sonrisa yo hago mi casita en su lengua yo habito en la palma de su mano cierra sus dedos en polvo dorado un poco de sangre adiós oh adiós.

    Como una voz no lejos de la noche arde el fuego más exacto. Sin piel ni huesos andan los animales por el bosque hecho cenizas. Una vez el canto de un solo pájaro te había aproximado al calor más agudo. Mares y diademas, mares y serpientes. Por favor, mira como la pequeña calavera de perro suspendida del cielo raso pintado de azul se balancea con hojas secas que tiemblan en torno de ella. Grietas y agujeros en mi persona escapada de un incendio. Escribir es buscar en el tumulto de los quemados el hueso del brazo que corresponda al hueso de la pierna. Miserable mixtura. Yo restauro,

e depois está o espaço negro – deixa-te cair, deixa-te cair –, umbral da mais alta inocência ou talvez tão-só da loucura. Compreendo meu medo de uma rebelião das pequenas figuras azuis e douradas. Alma partida, alma compartilhada, vaguei e errei tanto para fundar uniões com o menino pintado enquanto objeto de contemplação e, no entanto, depois de analisar as cores e as formas, me encontrei fazendo amor com um rapaz vivente no mesmo momento que o do quadro se despia e me possuía detrás dos meus cílios contraídos.

Sorri e sou uma minúscula marionete rosa com uma sombrinha celeste eu entro por seu sorriso eu faço minha casinha na sua língua eu habito a palma de sua mão contrai seus dedos em pó dourado um pouco de sangue adeus oh adeus.

Como uma voz não distante da noite arde o fogo mais exato. Sem pele nem ossos os animais andam pelo bosque feito cinzas. Uma vez o canto de um só pássaro havia te aproximado do calor mais agudo. Mares e diademas, mares e serpentes. Por favor, olha como a pequena caveira de cão suspensa da abóbada pintada de azul se balança com folhas secas que tremulam em torno dela. Gretas e buracos em minha pessoa escapada de um incêndio. Escrever é procurar no tumulto dos incinerados o osso do braço que corresponda ao osso da perna. Miserável mistura. Eu restauro, eu reconstruo, eu ando tão rodeada de

yo reconstruyo, yo ando así de rodeada de muerte. Y es sin gracia, sin aureola, sin tregua. Y esa voz, esa elegía a una causa primera: un grito, un soplo, un respirar entre dioses. Yo relato mi víspera, ¿Y qué puedes tú? Sales de tu guarida y no entiendes. Vuelves a ella y ya no importa entender o no. Vuelves a salir y no entiendes. No hay por donde respirar y tú hablas del soplo de los dioses.

No me hables del sol porque me moriría. Llévame como a una princesita ciega, como cuando lenta y cuidadosamente se hace el otoño en un jardín.

Vendrás a mí con tu voz apenas coloreada por un acento que me hará evocar una puerta abierta, con la sombra de un pájaro de bello nombre, con lo que esa sombra deja en la memoria, con lo que permanece cuando avientan las cenizas de una joven muerta, con los trazos que duran en la hoja después de haber borrado un dibujo que representaba una casa, un árbol, el sol y un animal.

Si no vino es porque no vino. Es como hacer el otoño. Nada esperabas de su venida. Todo lo esperabas. Vida de tu sombra ¿qué quieres? Un transcurrir de fiesta delirante, un lenguaje sin límites, un naufragio en tus propias aguas, oh avara.

Cada hora, cada día, yo quisiera no tener que hablar. Figuras de cera los otros y sobre todo yo,

morte. E é sem graça, sem auréola, sem trégua. E
essa voz, essa elegia a uma causa primeira: um grito,
um sopro, um respirar entre deuses. Eu relato minha
véspera. E do que és capaz? Sais da tua guarida e não
entendes. Voltas a ela e já não importa entender ou
não. Voltas a sair e não entendes. Não há por onde
respirar e me falas do sopro dos deuses.

    Não me fales do sol porque eu morreria. Leva-me
como uma princesinha cega, como quando lenta e
cuidadosamente se faz outono em um jardim.

    Virás a mim com tua voz quase colorida por um
acento que me fará evocar uma porta aberta, com a
sombra de um pássaro de belo nome, com o que essa
sombra deixa na memória, com o que permanece
quando lançam ao vento as cinzas de uma jovem
morta, com os traços que duram na folha após haver
apagado um desenho que representava uma casa, uma
árvore, o sol e um animal.

    Se não veio é porque não veio. É como fazer o
outono. Nada esperavas de sua vinda. Tudo esperavas.
Vida da tua sombra, o que queres? Um decurso de
festa delirante, uma linguagem sem limites, um
naufrágio em tuas próprias águas, oh avara.

    A cada hora, a cada dia, queria não ter de falar.
Figuras de cera os outros e sobretudo eu, que sou mais

que soy más otra que ellos. Nada pretendo en este poema si no es desanudar mi garganta.

    Rápido, tu voz más oculta. Se transmuta, te transmite. Tanto que Hacer y yo me deshago. Te excomulgan de ti. Sufro, luego no sé. En el sueño el rey moría de amor por mí. Aquí, pequeña mendiga, te inmunizan. (Y aún tienes cara de niña; varios años más y no les caerás en gracia ni a los perros.)

    mi cuerpo se abría al conocimiento de mi estar
    y de mi ser confusos y difusos
    mi cuerpo vibraba y respiraba
    según un canto ahora olvidado
    yo no era aún la fugitiva de la música
    yo sabía el lugar del tiempo
    y el tiempo del lugar
    en el amor yo me abría
    y ritmaba los viejos gestos de la amante
    heredera de la visión
    de un jardín prohibido

    La que soñó, la que fue soñada. Paisajes prodigiosos para la infancia más fiel. A falta de eso – que no es mucho –, la voz que injuria tiene razón.

    La tenebrosa luminosidad de los sueños ahogados. Agua dolorosa.

outra que eles. Nada pretendo neste poema senão
desatar minha garganta.

    Rápido, tua voz mais oculta. Ela se transmuta,
te transmite. Tanto por Fazer e eu me desfaço. Te
excomungam de ti. Sofro, logo não sei. No sonho o rei
morria de amor por mim. Aqui, pequena mendiga, te
imunizam. (E ainda tens cara de menina; vários anos
mais e não cairás nem na graças dos cães.)

    meu corpo se abria ao conhecimento do meu estar
    e do meu ser confusos e difusos
    meu corpo vibrava e respirava
    conforme um canto agora esquecido
    eu não era ainda a fugitiva da música
    eu sabia o lugar do tempo
    e o tempo do lugar
    no amor eu me abria
    e ritmava os velhos gestos da amante
    herdeira da visão
    de um jardim proibido

    A que sonhou, a que foi sonhada. Paisagens
prodigiosas para a infância mais fiel. Na falta disso –
que não é muito –, a voz que insulta tem razão.

    A tenebrosa luminosidade dos sonhos afogados.
Água dolorosa.

El sueño demasiado tarde, los caballos blancos demasiado tarde, el haberme ido con una melodía demasiado tarde. La melodía pulsaba mi corazón y yo lloré la pérdida de mi único bien, alguien me vio llorando en el sueño y yo expliqué (dentro de lo posible), mediante palabras simples (dentro de lo posible), palabras buenas y seguras (dentro de lo posible). Me adueñé de mi persona, la arranqué del hermoso delirio, la anonadé a fin de serenar el terror que alguien tenía a que me muriera en su casa.

¿Y yo? ¿A cuántos he salvado yo?
El haberme prosternado ante el sufrimiento de los demás, el haberme acallado en honor de los demás.
Retrocedía mi roja violencia elemental. El sexo a flor de corazón, la vía del éxtasis entre las piernas. Mi violencia de vientos rojos y de vientos negros. Las verdaderas fiestas tienen lugar en el cuerpo y en los sueños.

Puertas del corazón, perro apaleado, veo un templo, tiemblo, ¿qué pasa? No pasa. Yo presentía una escritura total. El animal palpitaba en mis brazos con rumores de órganos vivos, calor, corazón, respiración, todo musical y silencioso al mismo tiempo. ¿Qué significa traducirse en palabras? Y los proyectos de perfección a largo plazo; medir cada día la probable elevación de mi espíritu, la desaparición de mis faltas gramaticales. Mi sueño es un sueño sin alternativas y quiero morir al pie de la letra del lugar

O sonho tarde demais, os cavalos brancos tarde demais, ter partido com uma melodia tarde demais. A melodia pulsava meu coração e eu chorei a perda do meu único bem, alguém me viu chorando no sonho e eu expliquei (dentro do possível), mediante palavras simples (dentro do possível), palavras boas e seguras (dentro do possível). Me apropriei da minha pessoa, a arranquei do belo delírio, a aniquilei a fim de serenar o terror que alguém sentia por eu vir a morrer em sua casa.

E eu? Quantos eu salvei?
Tendo me curvado diante do sofrimento dos demais, tendo me silenciado em honra dos demais.
Retrocedia minha vermelha violência elementar. O sexo à flor do coração, a via do êxtase entre as pernas. Minha violência de ventos vermelhos e de ventos negros. As verdadeiras festas têm lugar no corpo e nos sonhos.

Portões do coração, cão açoitado, vejo um templo, tremo, o que está acontecendo? Nada. Eu pressentia uma escrita total. O animal agonizava em meus braços com rumores de orgãos vivos, calor, coração, respiração, tudo musical e silencioso ao mesmo tempo. O que significa traduzir-se em palavras? E os projetos de perfeição a longo prazo; medir a cada dia a provável elevação do meu espírito, a desaparição das minhas falhas gramaticais. Meu sonho é um sonho sem alternativas e quero morrer ao pé da letra

común que asegura que morir es soñar. La luz, el vino prohibido, los vértigos, ¿para quién escribes? Ruinas de un templo olvidado. Si celebrar fuera posible.

    Visión enlutada, desgarrada, de un jardín con estatuas rojas. Al filo de la madrugada los huesos te dolían. Tú te desgarras. Te lo prevengo y te lo previne. Tú te desarmas. Te lo digo, te lo dije. Tú te desnudas. Te desposees. Te desunes. Te lo predije. De pronto se deshizo: ningún nacimiento. Te llevas, te sobrellevas. Solamente tú sabes de este ritmo quebrantado. Ahora tus despojos, recogerlos uno a uno, gran hastío, en dónde dejarlos. De haberla tenido cerca, hubiese vendido mi alma a cambio de invisibilizarme. Ebria de mí, de la música, de los poemas, porque no dije del agujero de la ausencia. En un himno harapiento rodaba el llanto por mi cara. ¿Y por qué no dicen algo? ¿Y para qué este gran silencio?

do lugar-comum que assegura que morrer é sonhar.
A luz, o vinho proibido, as vertigens, para quem
escreves? Ruínas de um templo esquecido. Se fosse
possível celebrar.

Visão enlutada, dilacerada, de um jardim com
estátuas vermelhas. No fio da madrugada os ossos
te doíam. Te dilaceras. Te previno e te preveni. Te
desarmas. Te digo, te disse. Te desnudas. Te despojas.
Te desvinculas. Te predisse. De repente se desfez:
nenhum nascimento. Te esforças, te superas. Somente
tu sabes deste ritmo quebrantado. Agora teus
despojos, recolhe-os um por um, grande fastio, onde
deixá-los. Se a tivesse por perto, teria vendido minha
alma em troca de invisibilizar-me. Ébria de mim, da
música, dos poemas, porque nada disse da fenda da
ausência. Em um hino aos farrapos girava o pranto
por minha cara. E por que não dizem algo? E para que
este grande silêncio?

EL SUEÑO DE LA MUERTE O EL LUGAR
DE LOS CUERPOS POÉTICOS

Esta noche, dijo, desde el ocaso, me cubrían
con una mortaja negra en un lecho de cedro.
Me escanciaban vino azul mezclado con amargura.
El cantar de las huestes de Ígor

Toda la noche escucho el llamamiento de la muerte, toda la noche escucho el canto de la muerte junto al río, toda la noche escucho la voz de la muerte que me llama.

Y tantos sueños unidos, tantas posesiones, tantas inmersiones, en mis posesiones de pequeña difunta en un jardín de ruinas y de lilas. Junto al río la muerte me llama. Desoladamente desgarrada en el corazón escucho el canto de la más pura alegría.

Y es verdad que he despertado en el lugar del amor porque al oír su canto dije: es el lugar del amor. Y es verdad que he despertado en el lugar del amor porque con una sonrisa de duelo yo oí su canto y me dije: es el lugar del amor (pero tembloroso pero fosforescente).

Y las danzas mecánicas de los muñecos antiguos y las desdichas heredadas y el agua veloz en círculos, por favor, no sientas miedo de decirlo: el agua veloz en círculos fugacísimos mientras en la orilla el gesto detenido de los brazos detenidos en un llamamiento al abrazo, en la nostalgia más pura, en el río, en la

O SONHO DA MORTE OU O LUGAR
DOS CORPOS POÉTICOS

*Naquela noite, disse, a partir do ocaso, me cobriam
com uma mortalha negra em um leito de cedro.
Me vertiam vinho azul misturado com amargura.*
Canto da cruzada de Igor

Por toda a noite escuto o chamado da morte, por toda a noite escuto o canto da morte junto ao rio, por toda a noite escuto a voz da morte que me chama.

E tantos sonhos unidos, tantas possessões, tantas imersões, nas minhas possessões de pequena defunta em um jardim de ruínas e de lilases. A morte me chama junto ao rio. Desoladamente dilacerada escuto no coração o canto da mais pura alegria.

E é verdade que despertei no lugar do amor porque ao ouvir seu canto disse: é o lugar do amor. E é verdade que despertei no lugar do amor porque com um sorriso enlutado eu ouvi seu canto e me disse: é o lugar do amor (embora trêmulo embora fosforescente).

E as danças mecânicas das bonecas antigas e as desditas herdadas e a água veloz em círculos, por favor, não sintas medo de dizê-lo: a água veloz em círculos fugacíssimos enquanto na beira o gesto detido dos braços detidos em um chamado para o

niebla, en el sol debilísimo filtrándose a través de la niebla.

Más desde adentro: el objeto sin nombre que nace y se pulveriza en el lugar en que el silencio pesa como barras de oro y el tiempo es un viento afilado que atraviesa una grieta y es esa su sola declaración. Hablo del lugar en que se hacen los cuerpos poéticos – como un cesta llena de cadáveres de niñas. Y es en ese lugar donde la muerte está sentada, viste un traje muy antiguo y pulsa un arpa en la orilla el río lúgubre, la muerte en un vestido rojo, la bella, la funesta, la espectral, la que toda la noche pulsó un arpa hasta que me adormecí dentro del sueño.

¿Qué hubo en el fondo del río? ¿Qué paisajes se hacían y deshacían detrás del paisaje en cuyo centro había un cuadro donde estaba pintada una bella dama que tañe un laúd y canta junto a un río? Detrás, a pocos pasos, veía el escenario de cenizas donde representé mi nacimiento. El nacer, que es un acto lúgubre, me causaba gracia. El humor corroía los bordes reales de mi cuerpo de modo que pronto fui una figura fosforescente: el iris de un ojo lila tornasolado; una centelleante niña de papel plateado a medias ahogada dentro de un vaso de vino azul. Sin luz ni guía avanzaba por el camino de las metamorfosis. Un mundo subterráneo de criaturas de formas no acabadas, un lugar de gestación, un vivero de brazos, de troncos, de caras, y las manos de los muñecos suspendidas como hojas de los fríos árboles filosos aleteaban y resonaban

abraço, na nostalgia mais pura, no rio, na névoa, no sol debilíssimo filtrando-se através da névoa.

Mais do interior: o objeto sem nome que nasce e se pulveriza no lugar em que o silêncio pesa como barras de ouro e o tempo é um vento afiado que atravessa uma fenda e é essa sua única declaração. Falo do lugar em que se fazem os corpos poéticos – como uma cesta cheia de cadáveres de meninas. E é nesse lugar onde a morte está sentada, veste um traje muito antigo e toca uma harpa na beira do rio lúgubre, a morte em um vestido vermelho, a bela, a funesta, a espectral, a que por toda a noite tocou uma harpa até que adormeci dentro do sonho.

O que houve no fundo do rio? Quais paisagens se faziam e se desfaziam detrás da paisagem em cujo centro havia um quadro onde estava pintada uma bela dama que tange um alaúde e canta junto a um rio? Detrás, a poucos passos, via o cenário de cinzas onde representei meu nascimento. O nascer, que é um ato lúgubre, me causava graça. O humor corroía as bordas reais do meu corpo de modo que de repente fui uma figura fosforescente: a íris de um olho lilás iridescente; uma cintilante menina de papel prateado meio afogada dentro de um copo de vinho azul. Sem luz nem guia avançava pelo caminho das metamorfoses. Um mundo subterrâneo de criaturas de formas não acabadas, um lugar de gestação, um viveiro de braços, de troncos, de caras, e as mãos das bonecas elevadas como folhas das frias árvores afiadas esvoaçavam e ressoavam movidas pelo

movidas por el viento, y los troncos sin cabeza vestidos de colores tan alegres danzaban rondas infantiles junto a un ataúd lleno de cabezas de locos que aullaban como lobos, y mi cabeza, de súbito, parece querer salirse ahora por mi útero como si los cuerpos poéticos forcejearan por irrumpir en la realidad, nacer a ella, y hay alguien en mi garganta, alguien que se estuvo gestando en soledad, y yo, no acabada, ardiente por nacer, me abro, se me abre, va a venir, voy a venir. El cuerpo poético, el heredado, el no filtrado por el sol de la lúgubre mañana, un grito, una llamada, una llamarada, un llamamiento. Sí. Quiero ver el fondo del río, quiero ver si aquello se abre, si irrumpe y florece del lado de aquí, y vendrá o no vendrá pero siento que está forcejeando, y quizás y tal vez solamente la muerte.

La muerte es una palabra.

La palabra es una cosa, la muerte es una cosa, es un cuerpo poético que alienta en el lugar de mi nacimiento.

Nunca de este modo lograrás circundarlo. Habla, pero sobre el escenario de cenizas; habla, pero desde el fondo del río donde está la muerte cantando. Y la muerte es ella, me lo dijo el sueño, me lo dijo la canción de la reina. La muerte de cabellos del color del cuervo, vestida de rojo, blandiendo en sus manos funestas un laúd y huesos de pájaro para golpear en mi tumba, se alejó cantando y contemplada de atrás parecía una vieja mendiga y los niños le arrojaban piedras.

vento, e os troncos sem cabeça vestidos de cores tão alegres dançavam cirandas infantis junto a um ataúde cheio de cabeças de loucos que uivavam como lobos, e minha cabeça, do nada, parece querer sair agora por meu útero como se os corpos poéticos se debatessem para irromper na realidade, nascer para ela, e há alguém em minha garganta, alguém que veio se gestando em solidão, e eu, não acabada, ardente por nascer, me abro, sou aberta, já vem, estou por vir. O corpo poético, o herdado, o não filtrado pelo sol da lúgubre manhã, um grito, uma chamada, uma chama, um chamamento. Sim. Quero ver o fundo do rio, quero ver se aquilo se abre, irrompe e floresce do lado de cá, e virá ou não virá, embora sinta que está debatendo-se, e quiçá e talvez seja somente a morte.

A morte é uma palavra.

A palavra é uma coisa, a morte é uma coisa, é um corpo poético que anima no lugar do meu nascimento.

Nunca deste modo poderás circundá-lo. Fala, mas sobre o cenário de cinzas; fala, mas do fundo do rio onde a morte está cantando. E a morte é ela, o sonho me disse, me disse a canção da rainha. A morte de cabelos da cor do corvo, vestida de vermelho, brandindo em suas mãos funestas um alaúde e ossos de pássaro para atacar minha tumba, se distanciou cantando, e contemplada pelas costas parecia uma velha mendiga e as crianças lhe atiravam pedras.

Cantaba en la mañana de niebla apenas filtrada por el sol, la mañana del nacimiento, y yo caminaría con una antorcha en la mano por todos los desiertos de este mundo y aún muerta te seguiría buscando, amor mío perdido, y el canto de la muerte se desplegó en el término de una sola mañana, y cantaba, y cantaba.

También cantó en la vieja taberna cercana del puerto. Había un payaso adolescente y yo le dije que en mis poemas la muerte era mi amante y amante era la muerte y él dijo: tus poemas dicen la justa verdad. Yo tenía dieciséis años y no tenía otro remedio que buscar el amor absoluto. Y fue en la taberna del puerto que cantó la canción.

Escribo con los ojos cerrados, escribo con los ojos abiertos: que se desmorone el muro, que se vuelva río el muro.

La muerte azul, la muerte verde, la muerte roja, la muerte lila, en las visiones del nacimiento.

El traje azul y plata fosforescente de la plañidera en la noche medieval de toda muerte mía.

La muerte está cantando junto al río.

Y fue en la taberna del puerto que cantó la canción de la muerte.

Me voy a morir, me dijo, me voy a morir.

Al alba venid, buen amigo, al alba venid.

Cantava na manhã de névoa há pouco filtrada pelo sol, a manhã do nascimento, e eu caminharia com uma tocha na mão por todos os desertos deste mundo e mesmo morta seguiria te procurando, meu amor perdido, e o canto da morte se desdobrou no término de uma só manhã, e cantava, e cantava.

Também cantou na velha taberna próxima ao porto. Havia um palhaço adolescente e eu lhe disse que em meus poemas a morte era minha amante e amante era a morte e ele disse: teus poemas dizem a justa verdade. Eu tinha dezesseis anos e não possuía outro remédio senão procurar pelo amor absoluto. E foi na taberna do porto que cantou a canção.

Escrevo com os olhos fechados, escrevo com os olhos abertos: que o muro desmorone, que o muro se converta em rio.

A morte azul, a morte verde, a morte vermelha, a morte lilás, nas visões do nascimento.

O traje azul e prata fosforescente da carpideira na noite medieval de toda morte minha.

A morte está cantando junto ao rio.

E foi na taberna do porto que cantou a canção da morte.

Vou morrer, me disse, vou morrer.

Al alba venid, buen amigo, al alba venid.[1]

---

[1] N. T.: Trata-se de versos anônimos provenientes da lírica tradicional castelhana, recuperados por Pizarnik neste poema cuja composição opera intertextualidade com outro texto do baixo medievo, conforme sinalizado a partir da epígrafe.

Nos hemos reconocido, nos hemos desaparecido, *amigo el que yo más quería*.

Yo, asistiendo a mi nacimiento. Yo, a mi muerte.

Y yo caminaría por todos los desiertos de este mundo y aún muerta te seguiría buscando, a ti, que fuiste el lugar del amor.

Reconhecemo-nos, desaparecemos, *amigo el que yo más quería*.

Eu, assistindo ao meu nascimento. Eu, à minha morte.

E eu caminharia por todos os desertos deste mundo e mesmo morta seguiria te procurando, a ti, que foste o lugar do amor.

NOCHE COMPARTIDA EN EL RECUERDO DE UNA HUIDA

Golpes en la tumba. Al filo de las palabras golpes en la tumba. Quien vive, dije. Yo dije quién vive. Y hasta cuando esta intromisión de lo externo en lo interno, o de lo menos interno de lo interno, que se va tejiendo como un manto de arpillera sobre mi pobreza indecible.
No fue el sueño, no fue la vigilia, no fue el crimen, no fue el nacimiento: solamente el golpear con un pesado cuchillo sobre la tumba de mi amigo. Y lo absurdo de mi costado derecho, lo absurdo de un sauce inclinado hacia la derecha sobre un río, mi brazo derecho, mi hombro derecho, mi oreja derecha, mi pierna derecha, mi posesión derecha, mi desposesión. Desviarme hacia mi muchacha izquierda – manchas azules en mi palma izquierda, misteriosas manchas azules –, mi zona de silencio virgen, mi lugar de reposo en donde me estoy esperando. No, aún es demasiado desconocida, aún no sé reconocer estos sonidos nuevos que están iniciando un canto de queja diferente del mío que es un canto de quemada, que es un canto de niña perdida en una silenciosa ciudad en ruinas.
¿Y cuántos centenares de años hace que estoy muerta y te amo?
Escucho mis voces, los coros de los muertos. Atrapada entre las rocas; empotrada en la hendidura de una roca. No soy yo la hablante: es el viento que

NOITE COMPARTILHADA NA LEMBRANÇA DE UMA FUGA

Golpes na tumba. No fio das palavras golpes na tumba. Quem vive, disse. Eu disse quem vive. E até quando esta intromissão do externo no interno, ou do menos interno do interno, que vai sendo tecida como um manto de ráfia sobre minha pobreza indizível.

Não foi o sonho, não foi a vigília, não foi o crime, não foi o nascimento: somente o golpear com uma pesada faca sobre a tumba do meu amigo. E o absurdo do meu lado direito, o absurdo de um salgueiro inclinado para a direita sobre um rio, meu braço direito, meu ombro direito, minha orelha direita, minha perna direita, minha possessão direita, minha despossessão. Desviar-me ao encontro da minha jovem esquerda – manchas azuis na minha palma esquerda, misteriosas manchas azuis –, minha zona de silêncio virgem, meu lugar de repouso onde estou esperando por mim. Não, ainda és desconhecida demais, ainda não sei reconhecer estes sons novos que estão iniciando um canto de queixa diferente do meu que é um canto de queimada, que é um canto de menina perdida em uma silenciosa cidade em ruínas.

E quantas centenas de anos faz que estou morta e te amo?

Escuto minhas vozes, os coros dos mortos. Aprisionada entre as rochas; incrustada na fenda de uma rocha. Não sou eu a eloquente: é o vento que

me hace aletear para que yo crea que estos cánticos del azar que se formulan por obra del movimiento son palabras venidas de mí.

Y esto fue cuando empecé a morirme, cuando golpearon en los cimientos y me recordé.

Suenan las trompetas de la muerte. El cortejo de muñecas de corazones de espejo con mis ojos azul-verdes reflejados en cada uno de los corazones. Imitas gestos viejos heredados. Las damas de antaño cantaban entre muros leprosos, escuchaban las trompetas de la muerte, miraban desfilar – ellas, las imaginadas – un cortejo imaginario de muñecas con corazones de espejo y en cada corazón mis ojos de pájara de papel dorado embestida por el viento. La imaginada pajarita cree cantar; en verdad sólo murmura como un sauce inclinado sobre el río.

Muñequita de papel, yo la recorté en papel celeste, verde, rojo, y se quedó en el suelo, en el máximo de la carencia de relieves y de dimensiones. En medio del camino te incrustaron, figurita errante, estás en el medio del camino y nadie te distingue pues no te diferencias del suelo aun si a veces gritas, pero hay tantas cosas que gritan en un camino ¿por qué irían a ver qué significa esa mancha verde, celeste, roja?

Si fuertemente, a sangre y fuego, se graban mis imágenes, sin sonidos, sin colores, ni siquiera lo blanco. Si se intensifica el rastro de los animales nocturnos en las inscripciones de mis huesos. Si me afinco en el lugar del recuerdo como una criatura

me faz esvoaçar para que eu creia que estes cânticos de azar que se formulam por obra do movimento são palavras vindas de mim.

E isto foi quando comecei a morrer, quando atacaram os cimentos e me lembrei.

Soam as trombetas da morte. O cortejo das bonecas de corações de espelho com meus olhos azul-verdes refletidos em cada um dos corações. Imitas velhos gestos herdados. As damas de outrora cantavam entre muros leprosos, escutavam as trombetas da morte, espreitavam desfilar – elas, as imaginadas – um cortejo imaginário das bonecas com corações de espelho e em cada coração meus olhos de pássara de papel dourado embalada pelo vento. A passarinha imaginada crê cantar; na verdade só murmura como um salgueiro inclinado sobre o rio.

Bonequinha de papel, eu a recortei em papel celeste, verde, vermelho, e ficou no chão, no máximo da carência de relevos e dimensões. No meio do caminho te incrustaram, figurinha errante, estás no meio do caminho e ninguém te nota porque não te diferencias do chão ainda que às vezes grites, mas há tantas coisas que gritam em um caminho: por que veriam o que significa essa mancha verde, celeste, vermelha?

Se fortemente, a sangue e a fogo, minhas imagens se gravam, sem sons, sem cores, nem sequer o branco. Se se intensifica o rastro dos animais noturnos nas inscrições dos meus ossos. Se me afinco no lugar da lembrança como uma criatura se atém à

se atiene a la saliente de una montaña y al más pequeño movimiento hecho de olvido cae – hablo de lo irremediable, pido lo irremediable –, el cuerpo desatado y los huesos desparramados en el silencio de la nieve traidora. Proyectada hacia el regreso, cúbreme con una mortaja lila. Y luego cántame una canción de una ternura sin precedentes, una canción que no diga de la vida ni de la muerte sino de gestos levísimos como el más imperceptible ademán de aquiescencia, una canción que sea menos que una canción, una canción como un dibujo que representa una pequeña casa debajo de un sol al que le faltan algunos rayos; allí ha de poder vivir la muñequita de papel verde, celeste y rojo; allí se ha de poder erguir y tal vez andar en su casita dibujada sobre una página en blanco.

saliência de uma montanha e ao menor movimento feito de esquecimento cai – falo do irremediável, peço o irremediável –, o corpo desatado e os ossos espalhados no silêncio da neve traidora. Projetada para o regresso, cobre-me com uma mortalha lilás. E depois canta para mim uma canção de uma ternura sem precedentes, uma canção que não diga da vida nem da morte, mas de gestos levíssimos como o mais imperceptível esboço de consentimento, uma canção que seja menos que uma canção, uma canção como um desenho que representa uma pequena casa sob um sol ao qual faltam alguns raios; ali há de poder viver a bonequinha de papel verde, celeste e vermelho; ali há de poder erguer-se e talvez andar em sua casinha desenhada sobre uma página em branco.

POSFÁCIO DO TRADUTOR

Alejandra Pizarnik:
ou o naufrágio inconcluso da linguagem

por **Davis Diniz**

Vida de tu sombra ¿qué quieres?
Un transcurrir de fiesta delirante, un lenguaje sin límites,
un naufragio en tus propias aguas, oh avara.
"Extracción de la piedra de locura"

Impuro diálogo
Un proyectarse desesperado de la materia verbal
Liberada de sí misma
Naufragando en sí misma
"El infierno musical"

Extração da pedra da loucura (1968) e *O inferno musical* (1971) são os dois últimos livros publicados ainda em vida por Alejandra Pizarnik. Tornaram-se obras testamentárias. Foram editadas consecutivamente às publicações de *Árvore de Diana* (1962) e *Os trabalhos e as noites* (1965), livros recentemente trazidos ao Brasil também pela Relicário Edições. Há uma chamativa singularidade entre tais pares bibliográficos que apresentamos agora: a linguagem abandona a sobredeterminação da condensação sintática (hipotaxe) para acolher um princípio de justaposição subordinativa (parataxe). Em suma: o estilo pizarnikiano dilata a versificação a caminho de uma fraseologia excessiva até então nada usual dentro de seus registros poéticos. São inúmeros os exemplos e por isso não vou repassá-los um por um. Mas basta levarmos em consideração a mancha tipográfica de *Extração da pedra da loucura* e *O inferno musical*, em vista dos quatro livros anteriores de nossa poeta, para que se assimile concretamente o que entra aqui em discussão.

Essa mistura tardia de estilos é algo que nos intriga diante da obra poética de Alejandra Pizarnik. Como interpretar a virada estilística em uma assinatura autoral que havia feito do silêncio a "única tentación y la más alta promesa"? O que dizer da expansão sintática despontando em meio a uma obra no mais das vezes orgulhosa de construir poemas cada vez "más breves" e simpática a uma estética do vazio?

Uma possibilidade de resposta à questão encontra-se na emergência de um elemento não tematizado nos livros anteriores (a não ser com raríssimas aparições) e que, no entanto, se tornaria recorrente na última fase poética: o rio, a água.[1]

---

[1] Nos livros anteriores a 1968, o procedimento construtivo da fraseologia paratática ocorre apenas em três poemas do primeiro livro de Pizarnik, *La tierra más ajena* (1955): "Dédalus Joyce", "Puerto adelante" e "En el pantanillo". Marque-se sobretudo que é o elemento água (ou

A construção do poema pizarnikiano por meio da parataxe nada mais é do que um signo para o caudal sintático: o novo estilo tende mais fortemente a nos arrastar para dentro de si, convidando à outra margem sem oferecer garantias na travessia. Por trás das imagens do rio – ora vida, ora morte – e da água – ora pré-natal, ora violenta – encena-se o fluxo da "linguagem sem limites" pretendida para a fase conclusiva. Trata-se do que Pizarnik denominou "impuro diálogo": uma projeção deliberada da matéria verbal, liberando a linguagem a si mesma no encalço de um naufrágio que deseja se inscrever a cada nova página.

É oportuno lembrar – para iniciarmos a interpelação da mescla de estilos – algo que Pizarnik anotou em seu *Diario* no dia primeiro de fevereiro de 1958: "¿por qué me gusta leer la poesía luminosa, clara, y casi execro de la oscura, hermética, cuando yo participo – en mi quehacer poetico – de ambas?" (p. 217). O dilema da escritora inquire a leitora (que afirma escrever dentro de ambos os registros). E nada poderia ser mais sugestivo que a justaposição do claro–escuro. Toda a obra pizarnikiana está armada a partir dessa tensão. Mas são os livros finais que revelam com força maior tal dialogismo.

Uma anotação feita por Alejandra Pizarnik em *Los signos en rotación* (1965), livro ensaístico de Octavio

---

algo derivado de seu campo semântico) a determinar a construção subordinativa desses textos: "río profundo de brillantes escupidas", em "Dédalus Joyce"; o "puerto que se veía tan seguido..." ou o "melancólico corazón del mar", em "Puerto adelante"; e, por fim, a "água cobriza" e a "cascada reverdea[nte]" no poema "En el pantanillo".

Paz e cujo exemplar nossa autora manteve em sua biblioteca pessoal, não é menos eloquente quanto à concepção de mistura estilística. Ela anota nas margens do texto de Paz:

> *La verdadera vida no se opone ni a la vida cotidiana ni a la heroica*, es la percepción del relampagueo de la otredad en calquier de nuestros actos, sin excluir a lo más nímios. (Pizarnik *apud* Daniel Link, 2011, grifo nosso)

A imagem do lampejo (ecoando em Pizarnik uma formulação benjaminiana muito conhecida) como ato de percepção do todo, instante fugaz em que trevas e clarão se unem para revelar a iminência de algo que poderá ser uma tragédia ou, então, uma redenção, sobrepondo à forma de vida heroica uma forma de vida cotidiana, é mais uma pista para nós que desejamos assimilar a fusão dos estilos na obra pizarnikiana – e, sobretudo, por que razão tudo isso foi radicalizado na fase final.

Quando Pizarnik escrevia sua obra, bem como as anotações de leituras, o problema da confusão de estilos encontrava-se bem mapeado nos estudos literários. Erich Auerbach, por exemplo, havia publicado *Mimesis* (1946), obra monumental em que o leitor acompanha o processo histórico por meio do qual a regra clássica para a separação estilística perdeu gradualmente sua vigência restritiva. Pizarnik, estudante de letras e frequentadora que era de cursos oferecidos no Instituto de Filologia da Universidade de

Buenos Aires, certamente não ignorava a questão sistematizada pelo filólogo alemão; algo que ela anotou à sua maneira nas margens do livro de Octavio Paz.[2]

A pesquisa de *Mimesis* havia exposto que até o surgimento do cristianismo, quando a história universal veio a ser contada de uma perspectiva plebeia, a antiguidade clássica predicava que o *sermo gravis ou sublimis* (a escrita clara, eruditamente depurada) deveria servir aos gêneros elevados (o épico, o lírico), enquanto o *sermo remissus*, ou *humilis* (a escrita trivial, pouco ou nada coordenada pela erudição), atendia aos gêneros baixos (a comédia, a paródia etc.). A regra clássica, abalada pelo cristianismo, decaiu a partir do livro *Confissões*, de Santo Agostinho, no século IV, e, sobretudo, a partir do século XIV, quando na *Divina Comédia* aparecem as personagens de Farinata e Cavalcante (décimo canto do "Inferno") interpelando Dante a propósito dos sons toscanos presentes em sua fala ao passar pelo inframundo e, logo, na construção plurilinguística do poema que marcou a transposição irreversível da divisão elaborada pelos antigos. Daí decorreria que, séculos mais tarde, nas iminências do realismo moderno consolidado na França a partir de Stendhal, Balzac, Flaubert, entre outros, não mais haveria razões para a separação dos estilos na história da evolução dos gêneros poéticos

---

[2] A primeira tradução de *Mimesis* para a língua castelhana, a cargo de I. Villanueva e E. Imaz, foi publicada no México, ainda em 1950, pela editora do Fondo de Cultura Económica. Dada a circulação efetiva do livro no mundo hispano-americano, a recepção de Auerbach no circuito universitário argentino aconteceria de forma imediata.

após a Revolução Francesa. Então a conformação do realismo moderno faria água da regra dos antigos, que havia retornado temporariamente com o classicismo após a Renascença. Auerbach havia aberto dessa maneira uma perspectiva inovadora: a representação mimética do realismo na literatura ocidental deveria ser buscada não exclusivamente nos objetos de representação disso que chamamos realidade, e sim na operação que afeta os códigos de representação, ou seja, na língua empregada na representação da realidade histórica. Assim, a literatura tanto mais teria se tornado uma expressão moderna quanto mais se aproximou do mundo, da vida, por meio da linguagem.

No caso da obra pizarnikiana, a sobreposição estilística também passaria a funcionar como procedimento de modernização poética. Lemos no poema "Extracción de la piedra de locura": "No hay por donde respirar y tú hablas del soplo de los dioses" (p. 92).[3] A condição moderna do poema não significará em Pizarnik senão o que resta da criação a partir do conflito entre a busca pelo inteligível, a precisão, o fluido, a ideia de claridade, de um lado, e, de outro, a imposição do fracasso mediante a dimensão obscura que envolve também o projeto elevado: "cada palabra dice lo que dice y además más y outra cosa" (p. 52 de *O inferno musical*). "O silêncio é de ouro", afirma uma passagem do poema "Los poseídos entre lilas" (p. 73

---

[3] Os poemas citados das obras *Extração da pedra da loucura* e *O inferno musical* terão a indicação dos números das páginas de nossas edições.

de *O inferno musical*) ao parafrasear o dito popular, enquanto "de prata é a palavra". Ainda em outro trecho de *Extração da pedra da loucura*: "Escribo con los ojos cerrados, escribo con los ojos abiertos: que se desmorone el muro, que se vuelva río el muro" (p. 106). Este verso está no poema "El sueño de la muerte o el lugar de los cuerpos poéticos". A figuração do rio, da morte que junto a ele canta, tange uma harpa e chama, cristaliza-se sugerindo o fundo fluvial onde o transcurso da vida se conclui ao encontrar o canto da morte. Já o desmoronamento do muro, um muro--dique, a caminho de tornar-se rio, água, passagem, tem algo da "cura do vazio" reivindicada no poema "Continuidad" (p. 64 de *Extração da pedra da loucura*). É música, é morte, também "fala do silêncio" – sendo o silêncio, para a Pizarnik dos quatro primeiros livros, a dimensão da perfeição poética. E nada mais limitante que a perfeição. O rio expõe com isso o conflito diante do fluxo do tempo, condição inalienável da escrita, e, simultaneamente, representa uma densidade verbal em que a linguagem naufraga para renascer a partir da outra margem.

 Essa mesma perseguição pela fluência órfica entre o eterno e o transitório orienta a opção musical de Pizarnik. Em "La música y el silencio", texto reunido na *Prosa completa*, está a seguinte definição: "Los sonidos de la música pueden acabar con los duros bordes de las cosas. Gracias a ella algo empieza a fluir y el que la compone (y también el que la oye) *se vuelve capitán de un RÍO...*" (p. 208). Mais uma vez, a música, feito o rio, feito a água, é um símile da fluidez: ela pode "acabar com as duras fronteiras das coisas". Por trás da evocação da música está também o vislumbre do inconstante que leva a poeta a buscar em tal atmosfera uma suposta pátria (mas apenas porque a música equivale ao rio, isto é, à eliminação das duras fronteiras): "Yo quería entrar en el teclado para entrar adentro de la música para tener una patria" (Pizarnik, 2010, p. 313).

Quanto à questão do desterro pizarnikiano, e penso aqui mais na obra que na biografia, é reveladora a referência feita por nossa autora ao ensaio "Los escritores argentinos y la tradición", texto estrategicamente inserido por Jorge Luis Borges no final do livro *Discusión* (1932), mas originalmente proferido como palestra em 1951 no Colegio Libre de Estudios Superiores de Buenos Aires (cf. Balderston, 2013). O trecho citado por Pizarnik, conforme a entrevista para o jornal cordobês *El Pueblo* (17 de abril de 1967), compilada na *Prosa completa*, é algo bem conhecido na obra borgeana: estipula "el universo" como patrimônio cultural para os escritores argentinos. Essa reflexão trazia consigo um contexto sub-reptício: Borges (e isso explica a camuflagem das datas) começava ali a denegar sua primeira fase poética, momento em que havia acolhido alegorias nacionais, como a poesia gauchesca e os mitos de fundação argentina, temas disputados pelas vanguardas portenhas nos anos 1920 e, a fins da década de 1940, cooptados pela política populista do peronismo em ascensão. Daí a perspectiva universalizante emergir a despeito do nacionalismo. Pizarnik, quanto à sua identificação argentina, atua exatamente à maneira da revisão tardia de Borges. Ou seja, recua de toda alegoria nacional, embora ela desejasse a sobreposição dos estilos. Por isso, busca a pátria na música, uma pátria que seja metamorfose, e não definição de fronteiras.

Mas voltemos ao ponto de onde partíamos. As datas de publicação de *Extração da pedra da loucura* (1968) e *O inferno musical* (1971) são coetâneas do momento em que Pizarnik escrevia "La Bucanera de Pernambuco o Hilda la polígrafa", texto trabalhado por volta de 1969-70 e mais tarde inserido na seção "II. Humor" da *Prosa completa*. São dessa mesma época outros dois textos fundamentais para entendermos a inflexão no estilo pizarnikiano: "Textos de Sombra", escritos entre 1971 e 1972,[4] e "Sala de psicopatología", escrito durante a última estadia de Pizarnik no Hospital Pirovano.[5]

Essa tríade textual opera uma revolução no processo criativo de Alejandra Pizarnik, e conforma a linguagem que emergiu após a poesia afundar-se no rio verbal. Embora surjam postumamente, os textos referidos foram trabalhados durante o período de

---

4 O livro *Textos de Sombra y otros poemas* foi publicado em 1982; posteriormente, a série "Textos de Sombra" passaria à parte final de *Poesía completa* de Alejandra Pizarnik. "La Bucanera de Pernambuco" também apareceu primeiramente em *Textos de Sombra y otros poemas* (1982), e só mais tarde veio integrar a *Prosa completa*. Esse rearranjo editorial, deslocando tais textos entre as edições da *Prosa completa* e da *Poesía completa*, é sintomático da estrutura inqualificável que a construção textual ali apresenta.

5 Também inserido no livro póstumo *Textos de Sombra y otros poemas*, antes de mais tarde ser igualmente inserido na parte final de *Poesía completa*.

preparo e publicação dos livros *Extração da pedra da loucura* (1968) e *O inferno musical* (1971). Pertencem, portanto, à fase final da escrita de nossa autora. E são textos revolucionários por dois motivos específicos: deram a emergir o humor e, com ele, o experimentalismo linguístico arraigado em temas prosaicos. Ambas as características eram inconcebíveis dentro da obra poética que Pizarnik publicou em vida. Uma austeridade de ordem linguística e cognitiva até então parecia blindar o texto pizarnikiano frente a tais princípios. Nada, ali, ria ou sequer sugeria o riso; tampouco existiam elaborados jogos linguísticos, embora a figura de Alice, de Lewis Carroll, surja como uma constante pizarnikiana a propósito do tópos do espelho e da menina que o atravessa.

Contudo, em "La Bucanera de Pernambuco..." Alejandra Pizarnik se faz explícita caudatária do humor e de construtos linguísticos característicos de Carroll. Mas não só dele. Nossa autora, pela mesma época, ou seja, na virada dos anos 1960 para 1970, escreveu uma série de resenhas, quase todas publicadas na revista *SUR*, conforme se pode consultar a partir da seção "IV. Artículos y ensayos" da *Prosa completa*. Há entre tais resenhas dois textos voltados para a interpretação do humor em Cortázar (quando comenta *Histórias de cronópios e de famas*) e em Borges e Bioy Casares (comentando o livro escrito a quatro mãos sob o pseudônimo de H. Bustos Domecq, *Seis problemas para Dom Isidro Parodi*). Também aparece em *SUR* o texto "Sabios y poetas" (resenha de *El gato de Cheshire*, de E. Anderson Imbert), breve exegese do humor moderno em que aparece a seguinte tentativa de sistematização por parte de Pizarnik:

> *lo propio del humor es corroer el mundo o, más precisamente, abolir sus estructuras rígidas*, su estabilidad, su pesantez.
>
> Expresado por los más altos escritores, el humor moderno es, siempre, metafísico y poético. Acaso, sin proponérselo, admite que le confíen una misión no menos penosa que privilegiada: *determinar la distancia que nos separa de la realidad*. En este sentido, pero nada más que en este, *es realista*, ya que ahonda, y hasta las últimas consecuencias, la noción de lo absurdo. (Pizarnik, 2010, p. 259, grifo nosso)

Determinar a distância que nos separa da realidade... porque o humor aprofunda a noção de absurdo; e assim pretende abolir as estruturas rígidas do mundo. Eis a definição do humor moderno segundo nossa poeta.

Não se dirá nenhuma novidade ao sugerir que os escritores estão falando também de si quando falam de outros autores; afinal, assim são construídos os precursores. Talvez a partir de agora nos seja possível aventar a seguinte hipótese: Pizarnik, no contexto final de sua produção, recorreu ao humor também como prática de um procedimento poético capaz de mensurar a distância que separava sua obra da realidade, a partir disso procurando, no sentido delimitado por ela mesma, uma dimensão realista capaz de agudizar o efeito de absurdo com que tem de lidar aquele que trabalha dentro da linguagem. Essa mediação, pelo que vimos quanto à reivindicação do preceito exposto no ensaio borgeano, não poderia jamais se dar, em Pizarnik, por meio da alegoria pátria, considerando-se uma poeta que não raras vezes definiu-se sem "espessura de linguagem nacional" ou mesmo uma "imigrante de si". O humor, gênero rebaixado segundo a regra clássica dos estilos, colocaria o processo criativo pizarnikiano a caminho de algo inusitado dentro de seus domínios poéticos: uma estratégica abertura poética no corpo da linguagem capaz de assimilar e processar os acontecimentos do mundo.

Há nos textos de tal período bem mais que uma única evocação à fortuna de uma "nova escrita", uma "escrita sem limites", conforme apontei desde a epígrafe, ou, ainda, uma "nova voz". Em "Endechas" ("Litanias", na tradução de *O inferno musical*), lemos: "Ella se prueba su *nuevo lenguaje* e indaga el peso del muerto en la balanza de su corazón" (p. 62). Ou ainda em um poema sem título, com data de maio de 1972, inserido na parte final da *Poesía completa* (p. 436): "Que me dejen con mi *voz nueva, desconocida*".

Aonde levaria a "nova voz" incaracterística de Pizarnik? A materialidade dos textos que interpelamos deixará supor que a nova linguagem conduziria à radicalização da mistura de estilos presente nos livros *Extração da pedra da loucura* e *O inferno musical*. A composição paratática a partir dali passou a ser predominante, conforme acontecia aos textos humorísticos "La Bucanera de Pernambuco...", "Textos de Sombra" e "Sala de psicopatología"; e, desse modo, tenderia a um tipo de escrita mais porosa à percepção do cotidiano.[6]

"La Bucanera de Pernambuco..." é um dos experimentos mais desopilantes (vide formulações como "Empédocles en pedo" e "Heraclítoris" etc.) da literatura argentina e latino-americana. Deixo para que os leitores e as leitoras verifiquem por si a vastidão do anarquismo linguístico configurada nesse texto que está também em vias de publicação pela Relicário Edições, com a tradução de Nina Rizzi e Paloma Vidal para a *Prosa completa* de Pizarnik. E reponho aqui apenas alguns exemplos de "Texto de Sombra" e "Sala de psicopatología" para tentarmos verificar a derruição do mundo, da vida, e a mediação com a realidade que Alejandra Pizarnik via no procedimento humorístico.

Antes de qualquer coisa, é bom marcar que em "Texto de Sombra" e "Sala de psicopatología" salta à vista a substituição do "tuteo" (o pronome *tú* é predominante em toda a obra poética de nossa autora) pelo "voseo" típico do espanhol rio-platense. (Em "La

---

[6] Não se deve ignorar o fato de estarmos falando de textos escritos sob o signo da desobediência civil do mês de maio 1968 e, também, influenciados pela rentabilidade poética trazida anos antes pela OuLiPo quanto ao enfrentamento anárquico da linguagem literária. A francofilia de Pizarnik é bem conhecida; está exposta ao longo de toda sua obra e biografia. E, ainda que ela estivesse reduzida aos limites de seu país de origem, a revolta popular do "Cordobazo" sacudiu as instituições argentinas naquele maio de 1968. Humor e rebeldia civil poucas vezes andaram tão atrelados mundo afora, conforme registros de pixos com as emblemáticas frases "É proibido proibir", "Sobre os paralelepípedos, a praia", "A imaginação no poder", "Jovem, aqui está sua cédula para votar" (e, logo abaixo desta frase, a imagem de paralelepípedo).

Bucanera de Pernambuco..." os argentinismos são radicalizados, acolhendo-se lunfardos como "mina" e reiterações da interjeição "che", além de inúmeros jogos linguísticos a partir da sobreposição de jargões populares e expressões eruditas-profanadas muito similares ao que sincronicamente Paulo Leminski estava elaborando na literatura brasileira com a composição narcótica, de safra também pernambucana, trazida com o livro *Catatau* [1975]). Para derrubar o mundo, tal como ele está erigido no cotidiano da poeta, a linguagem precisa tornar-se também pedestre. Não oral, muito menos popular, e sim deliberadamente profanadora. É justo aí onde deságua a mistura de estilos que passa a despontar no texto de Pizarnik que chamei há pouco de obras testamentárias.

A personagem Sombra é enigmática, *exquisita*, porém algo nela quer expor uma espessura argentina, a começar pela linguagem que abandona o "tú" pelo "vos". O empenho em descrever o ambiente em que Sombra circula é muito distinto dos cenários pseudossurrealistas dos livros de poesia publicados em vida, onde tudo é bosque, jardim encantado ou assombrado, rio, gaiola, casa de bonecas, espelhos sem fundo etc. Sombra, não obstante se apresente como uma figura penumbrosa, é uma personagem que trabalha e, conforme lemos em "Escrito cuando Sombra", sabemos exatamente onde ela exerce a vida prática: "Estaba trabajando en su despacho. Sin desearlo, escuchaba a la gente que pasaba golpeándose el pecho con las manos y las piedras del pavimiento con los pies para entrar en calor" (p. 406). Há inclusive um diálogo em que Sombra parece denegar sua dimensão fantasmagórica: "– *No hay que jugar al espectro porque se llega a serlo.* – ¿Sos real?" (p. 402).

Exemplos de um entorno literário descrito de maneira detalhista, terrestre, conforme ocorre aos textos humorísticos de Pizarnik, passam a surgir inclusive nos escritos estritamente poéticos. No poema "Los poseídos entre lilas", inserido em *O inferno musical* (p. 69), é descrita uma cena trivial (apesar de entrecruzada por uma atmosfera etérea) vista a partir de um café cuja janela dá para uma indeterminada rua:

– Un café lleno de sillas vacías, iluminado hasta la exasperación, la noche en forma de ausencia, el cielo como de una materia deteriorada, gotas de agua en una ventana, pasa alguien que no vi nunca, que no veré jamás.

– ¿Qué hice del don de la mirada?

– Una lámpara demasiado intensa, una puerta abierta, alguien fuma en la sombra, el tronco y el follaje de un árbol, un perro se arrastra, una pareja de enamorados se pasea despacio bajo la lluvia, un diario en una zanja, un niño silbando...

"Um jornal em uma vala", nada mais rebaixado e mundano que esta imagem final; e ela de algum modo nos remonta ao poema "23", de *Árvore de Diana* (1962), síntese que me parece ser a melhor extração da poesia de Alejandra Pizarnik: "una mirada desde la alcantarrilla / puede ser una visión del mundo" (2018, p. 60).

"Sala de psicopatología", por sua vez, prossegue na tentativa de derrubar o império do feérico, reduzindo o ambiente do maravilhoso, e chega inclusive a promover uma crítica bem definida aos métodos clínicos praticados no Hospital Pirovano. Faz ainda mais: assimila deliberadamente as alegorias do curso da história contemporânea. Tudo começa com a enumeração das estadias de Pizarnik nos Estados Unidos e na Europa. Logo recorre-se a uma série de ironias destinadas a Freud e citações de Nietzsche, Strindberg, Éluard e Einstein. Há jogos de linguagem, por exemplo, entre "Reich" e "Reik" (ressituados em "La Bucanera de Pernambuco..."). Adiante, sempre descrevendo apetites sexuais, a voz textual faz um gracejo com o pai do historicismo idealista: "A veces – casi siempre – estoy húmeda. Soy una perra, apesar de Hegel" (p. 403). E por fim anota preceitos materialistas: "«Cambiar la vida» (Marx)" e "«Cambiar el hombre» (Rimbaud)" (p. 415). Kierkegaard, Lichtenberg, Dostoiévski e Kafka também se somam à lista intertextual que ali prolifera.

A partir desses textos, nos quais a linguagem se expande em vez de contrair-se, a escrita pizarnikiana, tendo anunciado sua nova voz, parece aceitar o recurso exponencial da língua rio-platense em vez do silêncio desejado em sinonímia com a perfeição poética. No poema "L'obscurité des eaux"

("A escuridão das águas", *O inferno musical*, p. 56): "Escucho resonar el agua que cae en mi sueño. Las palabras caen como el agua yo caigo. Dibujo en mis ojos la forma de mis ojos, nado en mis aguas, me digo en mis silencios. *Toda la noche espero que mi lenguaje logre configurarme*". E mais adiante, novamente em "Endechas" (p. 62): "Era preciso decir acerca del agua o simplemente apenas nombrarla, de modo de *atraerse la palabra agua para que apague las llamas del silencio*".

"¿Qué hubo en el fondo del río?" (cf. o poema "El sueño de la muerte o el lugar de los cuerpos poéticos", p. 100 de *Extração da pedra da loucura*) a ponto de fazer com que o silêncio, dimensão pré-verbal outrora equivalente à perfeição na poesia pizarnikiana, passasse a ser uma condição poética denegada na fase final? A resposta está na sequência do texto citado: o rio desponta ali como um "escenario de cenizas donde representé mi nacimiento". E tudo o que nasce (ou renasce) deseja falar. De modo que, para Pizarnik, a representação do nascimento, apesar de ser "un acto lúgubre", desperta o humor que corrói "los bordes reales de mi cuerpo" (p. 102). Indissociável de sua definição heraclitiana, o rio é também em Pizarnik, conforme ela mesma define, "camino de las metamorfosis": "Un *mundo subterráneo de criaturas de formas no acabadas*, un *lugar de gestación*" (p. 102) a partir do qual a realidade vai irromper restaurando a linguagem que não pôde ser afogada.

Tudo isso quer indicar, conforme tentei expor com os exemplos acima, o surgimento de uma nova percepção poética da realidade. E o humor passa a atuar como uma determinante para tais fins. É ele que vai conduzir com efetividade à "miserable mixtura" (cf. o poema "Extracción de la piedra de locura", p. 82) dos estilos elevado e rebaixado, deixando indícios na poesia dos livros testamentários. A estética verbal da última fase de Alejandra Pizarnik teria passado, assim, a elaborar uma outra sorte de mediação com a realidade após ter saturado os recursos de condensação da linguagem em seu flerte com o silêncio (que só inconscientemente nomeava o real). Em poucas palavras: humor e parataxe passariam a operar a transposição elocutória possível entre o eu-autoral e os eventos do mundo representado no poema.

Não se trata de ler na hipótese sugerida a aparição de uma poesia em processo de politização programática. Pizarnik esconjurou uma prática em sentido tão específico: "Un poema político, por ejemplo, no sólo es un mal poema sino una mala política" (cf. *Prosas completas*, p. 308). Mas a poesia, especialmente aquela que interpela a partir da sarjeta uma visão de mundo, arma suas profecias. A própria Pizarnik – que aliás colocou Tirésias flutuando sobre o rio no poema "Piedra fundamental" (*O inferno musical*, p. 18) ao falar de seu corpo poético à maneira do "terreno baldío" de T. S. Eliot – reconhecia a condição mediúnica do poeta em "Apuntes para un reportaje" (cf. *Prosa completa*, p. 304): "El poeta trae nuevas de la otra orilla. Es el emisario o depositario de lo vedado puesto que induce a ciertas confrontaciones con las maravillas del mundo pero también con la locura y la muerte".

Apenas dois anos após o falecimento de Pizarnik, ocorrido em 25 de setembro de 1972, José López Rega, chefe da Polícia Federal e fundador do grupo de extermínio "Triple A" (Alianza Anticomunista Argentina), pronunciaria no Natal de 1974 o seguinte *slogan* de assombrosa extração pizarnikiana: "El silencio es salud". Essa formulação cunharia o lema fascista que gradualmente consolidaria a chegada da última ditadura civil-militar argentina em 24 de março de 1976. Frente à tétrica sincronia, algo no amálgama de estilos da última fase da obra pizarnikiana pareceu pressentir mediante a linguagem exponencial (e nela preparar campo para o combate que viria com o "neobarroco" de Néstor Perlongher e Osvaldo Lamborghini) a emergência de um autoritarismo que faria da imposição do silêncio sua alegoria persecutória para dar início à censura e ao assassinato intelectual, artístico e operário a partir da instauração de um Estado terrorista.

Pizarnik partiu antes da consolidação do fascismo imposto pela via do silenciamento, da morte e da castração dos desejos homossexuais, temas reiterados em sua obra. Mas, vivendo dentro do campo mórfico de gradual fechamento democrático, ela certamente vinha assimilando os rumos da sociedade dentro da qual produzia a fase final de sua obra. Talvez isso nos explique algo a mais sobre a inflexão na concepção de linguagem pizarnikiana. A imagem da água queimando as chamas do silêncio, conforme repus acima, soa como um alerta vindo "da outra margem". É de uma eloquência profética, levando em consideração a ameaça necropolítica das ditaduras vigentes nos anos 1970, o que se lê justo na sequência final de *O inferno musical* (obra derradeira de nossa autora, p. 76):

> ¿No hay un alma viva en esta ciudad? Porque ustedes están muertos. ¿Y qué espera puede convertirse en esperanza si están todos muertos? ¿Y cuándo vendrá lo que esperamos? ¿Cuándo dejaremos de huir? ¿Cuándo ocurrirá todo esto? ¿Cuándo? ¿Dónde? ¿Cómo? ¿Cuánto? Por qué? Para quién?

Extração da pedra da loucura (1968) e *O inferno musical* (1971), não cabe dúvida, surgiram como textos reveladores da amplitude do procedimento poético de Alejandra Pizarnik. Trouxeram, além de uma conclusão para a concepção poética precedente, um novo entendimento da linguagem final de nossa poeta e, tanto ou talvez mais importante, uma abertura para novos caminhos experimentais dentro da literatura argentina contemporânea (basta considerar, para além dos já citados Perlongher e Lamborghini quanto ao despontar da estética neobarroca rio-platense, a erudição corrosiva da poesia humorística que apareceu mais tarde com Susana Thénon, possivelmente a poeta argentina mais interessante desde Pizarnik).

Não devemos exigir de uma obra literária aquilo que nela não está ou simplesmente não cobrou tempo para uma elaboração definitiva. Mas diante da morte trágica e precoce de Pizarnik queremos a todo tempo nos perguntar o seguinte: aonde mais levaria a nova linguagem que apenas havia acabado de alcançar o pleno domínio dos estilos poéticos, a elaboração teórica do texto de crítica literária e, sobretudo, a prática de um experimentalismo linguístico dos mais rigorosos em seu processo de dilatação para a vida cotidiana?

Para nossa imaginação especulativa talvez seja suficiente considerar o que está dito no poema "Contemplación" (*Extração da pedra da loucura*, p. 139): "Murieron las formas despavoridas y no hubo más un afuera y un adentro. [...] Colores enemigos se unen en la tragedia".

Ora melancólica em seus contínuos pesadelos feéricos, ora corrosiva em sua verve humorística que soube desafiar o mundo que nos contorna, impecável em qualquer dessas dimensões quanto ao rigor da elaboração literária, a obra de Alejandra Pizarnik permanece entre nós decantando seu diálogo impuro e derrubando muros. E aqui por fim (2011, p. 345):

EN HONOR DE UNA PÉRDIDA
Alejandra Pizarnik

La para siempre seguridad de estar de más en el lugar en donde los otros respiran. *De mí debo decir que estoy impaciente porque se me dé un deselance menos trágico que el silencio.* Feroz alegría cuando encuentro una imagen que me alude. Desde mi respiración desoladora yo digo: *que haya lenguaje en donde tiene que haber silencio.*

Referências

AUERBACH, Erich. *Mimesis. A representação da realidade na literatura ocidental*. Tradução de George Bernard. Apresentação de Manuel da Costa Pinto. Introdução de Edward Said. São Paulo: Perspectiva, 2021.

BALDERSTON, Daniel. "Detalles circunstanciales: sobre dos borradores de 'El escritor argentino y la tradición'". *In*.: Revista *LA BIBLIOTECA*. Nº 13, "Cuestión Borges, Primavera de 2013, pp. 32-45.

LINK, Daniel. "Lecturas de Pizarnik". *In*.: ANTELO, Raúl; REALES, Liliana (orgs.). *Argentina (texto tempo movimento)*. Florianópolis: Letras Contemporâneas, 2011, pp. 237-250.

PIZARNIK, Alejandra. *Prosa completa*. Edición a cargo de Ana Becciú. Buenos Aires: Lumen, 2010.

PIZARNIK, Alejandra. *Poesía completa*. Edición a cargo de Ana Becciú. Buenos Aires: Lumen, 2011.

PIZARNIK, Alejandra. *Diarios*. Edición a cargo de Ana Becciú. Buenos Aires: Lumen, 2013.

PIZARNIK, Alejandra. *Árvore de Diana*. Trad. Davis Diniz. Belo Horizonte: Relicário, 2018.

PIZARNIK, Alejandra. *Os trabalhos e as noites*. Trad. Davis Diniz. Belo Horizonte: Relicário, 2018.

PIZARNIK, Alejandra. *O inferno musical*. Trad. Davis Diniz. Belo Horizonte: Relicário, 2021.

PIZARNIK, Alejandra. *Extração da pedra da loucura*. Trad. Davis Diniz. Belo Horizonte: Relicário, 2021.

Sumário

1
Cantora nocturna | Cantora noturna **22 | 23**
Vértigos o contemplación de algo que termina | Vertigens
ou contemplação de algo que termina **24 | 25**
Linterna sorda | Lanterna surda **26 | 27**
Privilegio | Privilégio **28 | 29**
Contemplación | Contemplação **30 | 31**
Nuit de couer | Nuit de couer **32 | 33**
Cuento de invierno | Conto de inverno **34 | 35**
En la otra madrugada | Na outra madrugada **36 | 37**
Desfundación | Desfundação **38 | 39**
Figuras y silencios | Figuras e silêncios **40 | 41**
Fragmentos para dominar el silencio | Fragmentos para
dominar o silêncio **42 | 43**
Sortilegios | Sortilégios **44 | 45**

2
Un sueño donde el silencio es de oro | Um sonho onde o silêncio
é de ouro **48 | 49**
Tête de jeune fille (Odilon Redon) | Tête de jeune fille
(Odilon Redon) **50 | 51**
Rescate | Resgate **52 | 53**
Escrito en el escorial | Escrito no escorial **54 | 55**
El sol, el poema | O sol, o poema **56 | 57**
Estar | Estar **58 | 59**
Las promesas de la música | As promessas da música **60 | 61**
Inminencia | Iminência **62 | 63**
Continuidad | Continuidade **64 | 65**
Adioses del verano | Despedidas do verão **66 | 67**
Como agua sobre una piedra | Feito água sobre uma pedra **68 | 69**
En un otoño antiguo | Um outono antigo **70 | 71**

3
Caminos del espejo | Caminhos do espelho **74 | 75**

4
Extracción de la piedra de locura | Extração da pedra da loucura **82 | 83**
El sueño de la muerte o el lugar de los cuerpos poéticos |
O sonho da morte ou o lugar dos corpos poéticos **100 | 101**
Noche compartida en el recuerdo de una huida | Noite compartilhada na lembrança de uma fuga **110 | 111**

© by Myriam Pizarnik
© Relicário Edições, 2021

Dados internacionais de Catalogação na Publicação (CIP)

P695e
Pizarnik, Alejandra

    Extração da pedra da loucura / Alejandra Pizarnik ; traduzido por Davis Diniz. – Belo Horizonte: Relicário, 2021.

    144 p. ; 13cm x 20,7cm.
    Tradução de: Extracción de la piedra de la locura

    ISBN: 978-65-89889-22-9

    1. Literatura argentina. 2. Poesia. I. Diniz, Davis. II. Título.

CDD 868.9932
CDU 821.134.2(82)-1

COORDENAÇÃO EDITORIAL Maíra Nassif Passos
ASSISTENTE EDITORIAL Thiago Landi
TRADUÇÃO Davis Diniz
REVISÃO Maria Fernanda Moreira
REVISÃO TÉCNICA Thiago Landi
PROJETO GRÁFICO & DIAGRAMAÇÃO Ana C. Bahia
FOTOGRAFIA DA CAPA Sara Facio

Edição de referência dos poemas originais:
PIZARNIK, Alejandra. *Poesía completa.* Edición a cargo de Ana Becciú. Buenos Aires: Editorial Lumen, 2011.

Obra editada com o incentivo do Programa "SUR" de apoio às Traduções do Ministério de Relações Exteriores, Comércio Internacional e Culto da República Argentina.

Obra editada en el marco del Programa "Sur" de Apoyo a las Traducciones del Ministerio de Relaciones Exteriores, Comercio Internacional y Culto de la República Argentina.

Programa **Sur**

RELICÁRIO EDIÇÕES
Rua Machado, 155, casa 1, Colégio Batista | Belo Horizonte, MG, 31110-080
contato@relicarioedicoes.com | www.relicarioedicoes.com
@relicarioedicoes /relicario.edicoes

1ª reimpressão [set. 2023]
1ª edição [dez. 2021]

Esta obra foi composta em PT Sans Pro, PT Serif Pro
sobre papel Pólen Bold 90 g/m² para a Relicário Edições.